ENRIQUE URDANETA FONTIVEROS

El deber del acreedor perjudicado de evitar o mitigar el daño

Revista Venezolana de Legislación y Jurisprudencia, C.A.
Caracas, 2016

Editorial Revista Venezolana de Legislación y Jurisprudencia, C.A.

Diseño y diagramación
Reinaldo R. Acosta V.

Corrección
Elizabeth Haslam

Depósito Legal N° lf25220153403742
ISBN 978-980-7561-00-6

Revista_venezolana@hotmail.com
Twitter: @la_rvlj
web: www.rvlj.com.ve

Los Ruices, Edificio Annabela, Caracas-Venezuela. Código Postal 1071
Teléfono: (0212) 234.29.53

El deber del acreedor perjudicado de evitar o mitigar el daño

Enrique Urdaneta Fontiveros[*]

Sumario

Introducción 1. El reconocimiento del deber de evitar o mitigar el daño en el Derecho comparado *1.1. Derecho inglés 1.2. Derecho norteamericano 1.3. Código Civil alemán 1.4. Código Civil italiano de 1942 1.5. Código Civil de Quebec 1.6. Códigos Civiles de Bolivia y Perú y Código Civil y Comercial argentino 1.7. Código Civil francés 1.8. Código Civil belga 1.9. Código Civil español* **2. El daño evitable en los principales instrumentos de unificación del derecho de los contratos** *2.1. La Convención de Viena sobre los Contratos de Compraventa Internacional de Mercaderías* 2.1.1. Consagración del deber de mitigar el daño 2.1.2. Razonabilidad de las medidas de mitigación 2.1.3. Compraventa de reemplazo 2.1.4. Otras medidas 2.1.5. Aceptación de nuevas condiciones de contratación para mitigar daños 2.1.6. *Compensatio lucro cum danno* 2.1.7. Carga de la prueba 2.1.8. Consecuencias de la aplicación del principio de mitigación 2.1.9. Reembolso de los gastos de mitigación *2.2. Los Principios de Unidroit y los Principios del Derecho Europeo de los Contratos* 2.2.1. Disposiciones aplicables 2.2.2. Fundamento del principio de mitigación 2.2.3. Carga mitigadora del daño 2.2.4. Medidas razonables 2.2.5. Apreciación del esfuerzo mitigador 2.2.6. Efectos de la carga mitigadora 2.2.7. Reembolso de los gastos de mitigación

---

[*] Profesor Titular de Derecho Civil en la Facultad de Derecho de la Universidad Católica Andrés Bello (Caracas). Individuo de Número de la Academia de Ciencias Políticas y Sociales.

2.2.8. Carga de la prueba 2.2.9. Concurrencia de culpas y deber de mitigar **3. Contenido y régimen del deber de evitar o mitigar el daño** *3.1. Concepto 3.2. Naturaleza 3.3. Contenido 3.4. Criterios de apreciación de la conducta del perjudicado 3.5. Efectos 3.6 Carga de la prueba* **4. El deber de evitar o mitigar el daño en el Derecho venezolano** *4.1. Doctrina y jurisprudencia 4.2. Culpa de la víctima y deber de mitigar el daño 4.3. Incidencia en el contrato de seguro 4.4. Fundamento* 4.4.1. Los dos planos de la causalidad: el *an debeatur* y el *quantum respondeatur* 4.4.2. La buena fe objetiva y la interrupción del nexo causal 4.4.3. El principio de la reparación integral coexiste con el deber de mitigar el daño 4.4.4. La determinación y cuantificación del daño en el momento de la sentencia *4.5. Alcance* 4.5.1. Grado de diligencia exigible 4.5.2. Conducta del acreedor perjudicado 4.5.2.1. Medidas de conservación 4.5.2.2. Medidas de reparación 4.5.2.3. Medidas de sustitución 4.5.2.3.1. Sustitución de la compraventa mercantil 4.5.2.3.2. Operación de reemplazo para la ejecución forzosa (indirecta) de la obligación de hacer *4.6. Reembolso de los costos de mitigación 4.7. Recapitulación*

Introducción

Con frecuencia, después de haber sufrido el daño, la víctima se encuentra en la situación de poder mitigarlo mediante una conducta suya que resulte razonable y lógica, en atención a las circunstancias. Esto ocurre no solo en la responsabilidad extracontractual, sino también en la contractual donde muchas veces el acreedor perjudicado por el incumplimiento puede disminuir el daño con una simple actividad o diligencia suya.

Los ejemplos son abundantes, señalemos algunos: i. Una persona es víctima de un daño corporal, pero una intervención quirúrgica sin riesgo mayor, permite la reparación de gran parte de las disminuciones físicas sufridas. ii. Una persona le encomienda a otra la construcción de una bodega. Por un defecto de construcción, el techo de la bodega se derrumba y el dueño deja allí las mercancías. A los pocos días cae una fuerte lluvia que produce el deterioro o perecimiento de la mercancía. El dueño de la obra pretende recuperar la pérdida sufrida, incluso la resultante del deterioro o perecimiento de la mercancía. iii. Una persona se obliga a vender a otra determinada mercancía y la transporta al país donde tiene su domicilio el comprador. Este no se presenta a recibir las mercancías. El vendedor las deja en el puerto y las mismas perecen o se deterioran. El vendedor pretende recuperar la totalidad de sus pérdidas, incluyendo el precio total de los bienes deteriorados por la espera. iv. A una persona se le encomienda la construcción de un puente que unirá dos tramos de una nueva carretera cuya construcción se realiza paralelamente. Debido a un cambio de planes, el Gobierno decide no continuar con la construcción de la carretera y comunica de inmediato su decisión a la empresa encargada de la construcción del puente para que cese la obra, pero esta continúa los trabajos de construcción, completa el puente y demanda a su co-contratante por la totalidad de los gastos en que incurrió.

Todos estos casos tienen un común denominador: la víctima o el acreedor perjudicado por el incumplimiento estaba en condiciones de adoptar medidas razonables para mitigar el daño. En el primer caso, la víctima podía someterse a una intervención quirúrgica no riesgosa mitigando el daño corporal sufrido; en el segundo caso, el acreedor ante la caída del techo podía llevar la mercancía a otro lugar para ponerla a salvo; en el tercer caso, el vendedor estaba en condiciones de celebrar una venta de reemplazo evitando así la pérdida de las mercaderías; y, en el cuarto caso, la empresa constructora podía paralizar las obras para no aumentar sus gastos.

En todos estos casos –y en muchos más– la cuestión que se plantea es la de saber si esa circunstancia habrá de tenerse en cuenta por el juez, al momento de determinar el monto de la reparación, de modo que el demandado no deba pagar por todo el daño inicialmente causado, sino solo por aquel que la víctima o el acreedor perjudicado no pueda mitigar o evitar mediante su propia actividad. Surge, entonces, la interrogante de si puede colocarse al acreedor en la situación de tener que actuar para aminorar o impedir la propagación del daño una vez realizado el hecho ilícito o verificado el incumplimiento del contrato.

Es decir, de lo que se trata es de establecer si en el monto de la indemnización deben quedar incluidos o no aquellos daños efectivamente sufridos por la víctima o el acreedor perjudicado, pero que habrían podido evitarse o mitigarse si este hubiera desplegado alguna actividad dirigida a limitar la amplitud del daño. ¿Debe el perjudicado permanecer inerte ante la situación perniciosa o debe actuar a fin de impedir que el hecho ilícito o el incumplimiento del contrato le ocasione mayores daños y perjuicios que los inevitables?

Pareciera que, por razones de orden lógico, moral y económico, debería imponerse al afectado el deber de evitar o mitigar el daño[1]. Desde el punto de vista lógico, no se comprende la razón de permitir que la víctima o el perjudicado permanezca cruzado de brazos frente al daño que se le cause, so pretexto de que, en definitiva, el agente del daño deberá indemnizar la totalidad del perjuicio sufrido. Desde el punto de vista moral, existe un imperativo de atender al cuidado de los intereses propios; y desde el punto de vista económico, se justifica el deber de minimizar las pérdidas, puesto que con ello se evitan costos innecesarios y se logra una mayor eficiencia en la asignación de los recursos. Sin embargo, al menos desde el punto de vista jurídico, estas razones no son suficientes y se plantea entonces la cuestión de si sobre el perjudicado pesa o no el deber de actuar para evitar o mitigar el daño[2].

Debemos comenzar por advertir que cuando en este trabajo nos referimos al "deber" de evitar o mitigar el daño, empleamos este término en un sentido muy amplio. Como es bien sabido, la doctrina ha diferenciado los deberes entre obligaciones y cargas. El instituto objeto de nuestro estudio es, en rigor, una "carga" y no una obligación, puesto que, por un lado, la sujeción del acreedor perjudicado o de la víctima a la necesidad de evitar la extensión del daño o disminuirlo se impone en favor de un interés propio y no ajeno; y, por el otro, no existe la posibilidad de exigir coactivamente el cumplimiento de este deber (*infra*, N° 3.2).

---

[1] *Cfr.*, Domínguez Águila, Ramón: "Notas sobre el deber de minimizar el daño". En: *Revista Chilena de Derecho Privado*. N° 5. Universidad Diego Portales. Santiago, 2005, pp. 88-90.

[2] *Cfr.*, San Martín Neira, Lilian C.: **La carga del perjudicado de evitar o mitigar el daño. Estudio histórico-comparado.** Universidad Externado de Colombia. Bogotá, 2012, p. 28.

Por lo que respecta al ámbito de aplicación de este instituto, bueno es también advertir que, si bien la cuestión se plantea tanto cuando el sujeto afectado es víctima de un hecho ilícito como cuando resulta perjudicado por el incumplimiento de un contrato, en este trabajo nos referiremos fundamentalmente a la carga del acreedor de evitar o mitigar los daños derivados del incumplimiento contractual.

El deber de evitar o mitigar el daño es una de las bases fundamentales del Derecho de los contratos en el *Common Law*, encontrándose reconocido desde hace muchos años por la jurisprudencia y por diversos cuerpos normativos. En cambio, esta institución ha sido largamente ignorada por los sistemas tradicionales de Derecho Civil que, siguiendo la orientación del Código Napoleón, no consagran, al menos en términos expresos, el deber del acreedor perjudicado por la inejecución de un contrato de desarrollar una conducta dirigida a aminorar los daños y perjuicios sufridos como consecuencia del incumplimiento (*infra*, N°s 1.7, 1.8 y 1.9 y N° 4).

No obstante, este principio ha ido ganando reconocimiento expreso en algunos códigos de la familia continental como el Código Civil alemán (B.G.B.) (§ 254), el Código suizo de las Obligaciones (artículo 44), el Código Civil italiano de 1942 (artículo 1227), el Código Civil holandés (artículo 6:101), el Código Civil de la provincia de Quebec (artículo 1479), el Código Civil egipcio (artículo 221), el Código Civil sirio (artículo 222), el Código Civil libio (artículo 224), el Código Civil algeriano (artículo 182) y el Código Civil rumano de 2011 (artículo 1531).

En el Derecho Civil latinoamericano, solo consagran expresamente el deber de mitigar el daño los Códigos Civiles boliviano (artículo 348), peruano de 1985 (artículo 1327) y el nuevo Código Civil y Comercial argentino (artículo 1710). Empero, en algunos países latinoamericanos, a pesar de no existir en sus respectivas legislaciones una disposición de alcance general que consagre explícitamente el deber del perjudicado de evitar o mitigar el daño, en la doctrina y la jurisprudencia reciente se revela una preocupación por reconocer, con diversa fundamentación, la procedencia del principio de mitigación tanto en materia contractual como extracontractual y, por ende, la irresarcibilidad del daño evitable por el acreedor perjudicado por la inejecución del contrato o por la víctima del hecho ilícito[3].

---

[3] En la doctrina latinoamericana, además de la obra de la profesora Lilian San Martín citada en la nota anterior, véase: Gamboa Mahecha, Eduardo: "La carga de mitigar los daños en el régimen colombiano de la responsabilidad contractual". En: *Revista de Derecho Privado*. N° 51. Universidad de los Andes. Bogotá, 2014. Disponible en: https://derechoprivado.uniandes.edu.co/components/com_revista/archivos/derecho-privado/pri498.pdf; Jaramillo, Carlos: **Los deberes de evitar y mitigar el daño**. Pontificia Universidad Javeriana y Editorial Temis. Bogotá, 2013; Pizarro Wilson, Carlos: "Contra el fatalismo del perjuicio. A propósito del deber de mitigar el daño". En: *Revista de Derecho*. N° 41. Pontifica Universidad Católica de Valparaíso. Valparaíso, 2013, pp. 69-82; Suescún Melo, José: "La obligación de mitigar los propios daños". En: **Derecho privado. Estudios de Derecho Civil y Comercial contemporáneo**. Tomo I. Legis. Bogotá, 2013, pp. 212 y ss.; Domínguez Hidalgo, Carmen: "Deber de minimizar los daños de la víctima o del acreedor". En: **Responsabilidad civil. Derecho de Seguros y Filosofía del Derecho. Homenaje al profesor Javier Tamayo Jaramillo**. Tomo I. Universidad Pontificia Bolivariana. Medellín, 2012, pp. 113-138; Troncoso, María Isabel: "La obligación de tomar medidas razonables para evitar la extensión del daño". En: *Revista de Derecho Privado*. N° 21. Universidad Externado de Colombia. Bogotá, 2011, pp. 353-391; Vidal Olivares, Álvaro: "La carga de mitigar las pérdidas del acreedor y su incidencia en el sistema de remedios por incumplimiento". En: **Incumplimiento contractual, resolución e indemnización de daños**. Universidad del Rosario. Bogotá, 2010; Gandarillas Serani, Cristián: "Algunas consideraciones acerca del deber de mitigación o minimización del daño frente al incumplimiento contractual". En: **Estudios de Derecho Civil IV a cargo de Carlos Pizarro Wilson**. Legal Publishing. Santiago, 2009; pp. 431-439; Rodríguez Fernández, Maximiliano: "Concepto y alcance del deber de mitigar el daño en el derecho internacional de los contratos". En: *Revista de Derecho Privado*. N° 15. Universidad Externado de Colombia. Bogotá, 2008, pp. 109-142; Benitez Caorsi, Juan: "La obligación de minimizar el daño". En: *Legislación, Jurisprudencia y Doctrina*. N° 1. La Ley. Montevideo, 2008, pp. 7-19; Rodríguez Fernández, Maximiliano: "El deber de mitigar el daño en la Convención de Viena de 1980 sobre compraventa internacional de mercaderías. Una breve aproximación al tema". En: *Revista e-Mercatoria*. Vol. 6, N° 2. Universidad Externado de Colombia. Bogotá, 2007, disponible en: www.emarcatoria.edu.co/paginas/volumen6/pdf02/deber.pdf; Fuentes Guínez, Rodrigo: "El deber de evitar o mitigar el daño". En: *Revista de Derecho*. Nos. 217-218. Universidad de Concepción. Concepción, 2005, pp. 223-248; Domínguez Águila: ob. cit., pp. 73-95.

En el ámbito internacional, este deber ha sido explícitamente recogido en los principales instrumentos internacionales sobre unificación del Derecho contractual, como la Convención adoptada por las Naciones Unidas en 1980 sobre los Contratos de Compraventa Internacional de Mercaderías, mejor conocida como la Convención de Viena (artículo 77), los Principios sobre los Contratos Comerciales Internacionales preparados por el Instituto para la Unificación del Derecho Privado en 1994 y posteriormente ampliados en 2004 y 2010, denominados Principios de Unidroit (artículo 7.4.8) y los Principios del Derecho Contractual Europeo preparados por la Comisión de Derecho Contractual Europeo, bajo la presidencia del profesor doctor Ole Lando y publicados en 1995 (artículo 9:505) (*infra*, Nos. 2.1 y 2.2).

En este trabajo, primero, haremos una breve reseña del desarrollo que ha tenido el llamado deber de evitar o mitigar el daño en el Derecho comparado y en los principales instrumentos internacionales de unificación del Derecho de los contratos. A continuación, examinaremos la naturaleza jurídica, características, contenido y alcance de este deber, así como las consecuencias derivadas de su aplicación. Por último, nos referiremos a la posible fundamentación del deber de evitar o mitigar el daño en el Derecho venezolano.

1. El reconocimiento del deber de evitar o mitigar el daño en el Derecho comparado

Conviene hacer una breve referencia a los orígenes y el desarrollo que ha tenido el deber de evitar o mitigar el daño en otros sistemas, en donde se configuró este deber como actualmente lo conocemos.

1.1. Derecho inglés

En el Derecho inglés, el deber de mitigar el daño es de vieja data. Su origen es jurisprudencial. Farnsworth cita una sentencia dictada en 1677 en el famoso caso Vertue *vs.* Bird que ya aplicaba el *duty to mitigate*, a propósito de una persona que se había obligado a transportar ciertas mercancías para su entrega a una hora y en un lugar determinados. Después de llegar al lugar de la entrega, el demandado solo apareció seis horas después, de modo que los caballos del demandante, estando muy cansados y sudorosos por el viaje y tras permanecer cargados todo el tiempo, se enfriaron con la lluvia durante la espera y, por ello, murieron. El transportador demandó los daños derivados del incumplimiento del contrato por parte del demandado, incluyendo el valor de los caballos. La corte denegó la indemnización por este concepto porque el demandante pudo haber dejado la carga en ese lugar y trasladado los caballos a otro lugar, mientras esperaba al demandado, evitando su enfriamiento[4].

Al instituto objeto de nuestro estudio, en el Derecho inglés, se le denomina *duty to mitigate*, aunque esta denominación ha sido criticada como inexacta debido a que no describe la verdadera naturaleza de este deber, puesto que su inobservancia no engendra una acción para exigir su cumplimiento. La consecuencia de su infracción consiste en que no se le permite a la víctima o al acreedor perjudicado reclamar, dentro del monto de la indemnización por el perjuicio sufrido, los daños que podían ser evitados[5].

No debe confundirse el *duty to mitigate* con la *contributory negligence*, que equivale en nuestro sistema a la culpa de la víctima, que se produce cuando la negligencia del demandante concurre con la del demandado en la producción del daño, siendo ambas, causas del daño producido[6]. La culpa de la víctima (la *contributory negligence* del Derecho inglés) interviene en el momento en que el daño se origina, mientras que el deber de mitigar el daño (*duty to mitigate*) se refiere a la conducta subsecuente de la víctima, una vez que se ha generado el daño. La culpa de la víctima se produce cuando el perjudicado concurre en la producción del evento lesivo; mientras que el deber de mitigar se refiere solo al daño consecuencia, es decir, a la actuación que se le exige al sujeto perjudicado una vez que se ha producido el daño y que tiene conocimiento

---

[4]   Farnsworth, E. Allan y McCormack, Alfred: *Farnsworth on contracts*. Vol. III. 3ª, Aspen Publishers. New York, 2004, p. 229.

[5]   Atiyah, P. y Smith, S.: *Atiyah's Introduction to the Law of Contract*. Clarendon press - Oxford University. New York, 2006, p. 139.

[6]   Stone, Richard: *The Modern Law on Contract*. 5ª, Cavendish Publishing Limited. London, 2002, p. 451; McGregor, Harvey: *McGregor on damages*. 14ª, Sweet & Maxwell. London, 1980, p. 153.

de esta situación, para contener los efectos del hecho lesivo o evitar la propagación del daño.

El deber de mitigar en el Derecho inglés comprende dos aspectos: i. el acreedor perjudicado debe tomar todas las medidas razonables para minimizar sus pérdidas; y ii. el acreedor perjudicado no debe incurrir en gastos no razonables como consecuencia del incumplimiento del contrato[7].

Respecto de la carga del actor de adoptar las medidas razonables para minimizar sus pérdidas, lo primero que hay que destacar es que el deber de mitigar el daño solo surge cuando el actor adquiere conocimiento del incumplimiento; por consiguiente, si el acreedor no tiene conciencia del incumplimiento, el deber de mitigar no pesa sobre él ni siquiera cuando, debido a su negligencia, no se haya impuesto de la inejecución del contrato por parte del deudor, aunque en este último caso dicha negligencia, según las circunstancias, pudiera ser relevante, por ejemplo, para determinar que una parte de la pérdida experimentada sea considerada como consecuencia mediata o remota del incumplimiento, o a los efectos de que se configure un cuadro de concurrencia de culpas que determine una reducción del monto de la indemnización en la medida en que el acreedor haya concurrido con su propia culpa a la producción del daño[8].

Solo cuando el acreedor perjudicado se ha apercibido de la inejecución del contrato y no hace nada, entra en funcionamiento el deber de mitigar el daño en sus dos vertientes, y no se le indemnizarán las pérdidas debidas al incumplimiento de este deber. Por consiguiente, si el actor no adopta las medidas razonables para minimizar o limitar sus pérdidas o incurre en gastos no razonables para contener el daño, no tendrá derecho a una indemnización por las pérdidas adicionales que experimente en razón de la inejecución de su deber de mitigación.

En su primera vertiente, como se dijo, el principio de mitigación requiere del perjudicado que adopte las medidas razonables para evitar la agravación

---

[7] Peel, Edwin: *The Law of Contract*. 12ª, Sweet & Maxwell, Thompson Reuters. Aylesbury, 2007, p. 1058.

[8] Ídem.

del daño. En un célebre caso, resuelto por los tribunales ingleses en 1879 (Dunkirk Colliery Co. *vs.* Lever), se consagró el deber de mitigar los daños en su formulación clásica en los siguientes términos:

> A los demandantes se les debe reconocer el derecho a obtener la reparación integral del perjuicio que hayan experimentado en razón de la inejecución del contrato; pero al mismo tiempo, el deudor incumpliente no debe estar sujeto a una pérdida suplementaria proveniente de la circunstancia de que los demandantes no hicieron lo que debían razonablemente hacer para limitar la extensión del perjuicio[9].

En otro caso (British Westinghouse and Manufacturing Co. Ltd. *vs.* Underground Electric Railways Co Company of London Ltd.), decidido por la Alta Corte de Justicia de la Cámara de los Lores en 1912, se dejó claramente establecido:

> … el principio fundamental en la materia es que el perjudicado debe ser resarcido pero este primer principio está calificado por un segundo principio, en virtud del cual el perjudicado tiene el deber de adoptar todas las medidas razonables a fin de evitar los daños consecuentes, y que le impide reclamar cualquier parte de los daños que sean producto de su pasividad en adoptar dichas medidas[10].

Con frecuencia, el acreedor perjudicado debe realizar un contrato de reemplazo para mitigar el daño. Por ejemplo, si el vendedor incumple con su obligación de entregar la cosa vendida, el comprador debe ir al mercado y comprar bienes sustitutos, esto es, los bienes que no le fueron entregados por el vendedor; y si no lo hiciere, no podrá recuperar del deudor las pérdidas adicionales que experimente por el hecho de que el mercado de esos bienes continúe al alza, o por privarse de la oportunidad de realizar una ganancia por el uso o la

---

[9] Extracto del texto de la decisión tomado de **Cheshire, Fifoot and Funston's law of contract**. 11ª, Butterworth. London, 1986, p. 596. Todas las citas de fragmentos en idiomas extranjeros que recojo en este trabajo son traducidas por mí en forma libre.

[10] Ibídem, p. 598.

reventa de dichos bienes[11]. No obstante, los tribunales ingleses han decidido que no se le exige al acreedor celebrar una compra de reemplazo cuando se trata de bienes que no son objeto de fácil adquisición en el mercado. Así, en un caso en que el vendedor demandado incumplió con su obligación de entregar piel de serpiente y alegó que el comprador pudo efectuar la compra de reemplazo en la India y debió hacerlo, se decidió que el deber de mitigación no requería del comprador este comportamiento[12].

A su vez, el vendedor de unas acciones que ante la falta de pago del precio por parte del comprador conserve sus acciones en lugar de venderlas, no podrá recuperar del comprador la pérdida que experimente debido a una caída posterior del precio de esas acciones en el mercado. Del mismo modo, el empleado que haya sido objeto de un despido injustificado debe hacer esfuerzos razonables para obtener un trabajo similar[13].

En todo caso, no se le puede imponer al actor un rigor excesivo en el cumplimiento de este deber, sino, por el contrario, se debe juzgar con suficiente flexibilidad. En este sentido, en el caso Wroth *vs.* Tyler, los tribunales ingleses decidieron que la falta de recursos financieros es un razonable motivo para no ir al mercado y hacer una compra alternativa[14].

El deber de mitigar los daños, en su segunda vertiente, prohíbe al acreedor incurrir en gastos no razonables como consecuencia del incumplimiento, es decir, no debe el acreedor para mitigar el daño incurrir en desembolsos que supongan un despilfarro y que en definitiva contribuyan a aumentar las consecuencias del daño inicial. Así, se considera que el perjudicado para subsanar los efectos del incumplimiento o del cumplimiento defectuoso no debería, al

---

[11] Peel: ob. cit., p. 1059.

[12] Caso citado y reseñado por Criscuoli, Giovanni: *"Il dovere de mitigare il danno subito (The duty of mitigation: A comparative approach)"*. En: *Rivista di Diritto Civile*. N° 1. Cedam. Padova, 1972, pp. 592-593.

[13] Peel: ob. cit., p. 1059.

[14] McGregor: ob. cit., p. 157.

menos en principio, efectuar erogaciones que excedan del valor que tenía la prestación, de haberse esta ejecutado conforme a los términos del contrato[15].

Si el actor en sus esfuerzos para contrarrestar o neutralizar la propagación del daño no actúa como debía hacerlo, no podrá recuperar la pérdida adicional que dichos esfuerzos mitigadores le signifiquen. Desde luego, determinar lo razonable o irrazonable de la acción y el comportamiento exigible al acreedor perjudicado es una cuestión de hecho que depende de las circunstancias particulares del caso concreto sometido a la consideración y decisión del juez.

En todo caso, los tribunales ingleses han decidido que debe indemnizarse el costo de las medidas ruinosas cuando juzgadas *ex ante*, esto es, al momento de ser adoptadas por el acreedor, pudieran considerarse razonables[16].

Conforme a los lineamientos anteriores, los tribunales ingleses han resuelto que el demandante puede recuperar las cantidades pagadas en ejecución de una transacción razonable, celebrada con un tercero como consecuencia del incumplimiento. Del mismo modo, si el demandante resuelve hacer frente a una acción introducida por un tercero en razón del incumplimiento, podría recuperar los costos del juicio introducido contra él. Por ejemplo, el comprador puede reclamar de su vendedor los costos y gastos del juicio iniciado contra el primero por un sub-adquirente por vicios o defectos de la cosa vendida de los cuales sea responsable el vendedor. En cualquier caso, debe tratarse de costos razonables, por lo cual, el demandante no puede pretender recuperarlos si insiste en llevar adelante un litigio, cuando resulte claro que no tendrá ninguna posibilidad de triunfar en el juicio[17].

El deber de mitigar el daño, consagrado y desarrollado por los tribunales ingleses, fue incluido en el año 1979 en las secciones 50 y 51 de la *Sales of Goods Act* en los siguientes términos:

---

[15] Ídem.

[16] Peel: ob. cit., p. 1059.

[17] Ibídem, p. 1061.

Sección 50.- Cuando haya un mercado disponible para la mercadería en cuestión, la medida del daño para el vendedor, en primer lugar, debe determinarse mediante la diferencia entre el precio del contrato y el precio de mercado al momento o momentos en que la mercadería debieron haber sido aceptados por el comprador o (si no se fijó tiempo para aceptar) al momento en que el comprador se negó a aceptar.

Sección 51.- Cuando haya un mercado disponible para la mercadería en cuestión, la medida del daño para el comprador, en primer lugar, debe determinarse mediante la diferencia entre el precio del contrato y el precio del mercado al momento o momentos en que la mercancía debió haber sido entregada al comprador o (si no se fijó tiempo para la entrega) al momento en que el vendedor se negó a efectuar el envío.

De acuerdo con estas disposiciones, en caso de inejecución del contrato de compraventa, el contratante inocente, comprador o vendedor, según el caso, tiene el deber de mitigar los daños sufridos procurando celebrar un contrato de reemplazo; y si no lo hiciere, el acreedor negligente verá reducido el monto de su indemnización. Si quien incumple es el vendedor, los daños y perjuicios que tendrá derecho a reclamar el comprador por falta de entrega de la mercancía corresponden al precio de mercado a la fecha de la entrega contractualmente prevista menos el precio establecido en el contrato; cuando quien incumple es el comprador que se niega a recibir la mercancía, el vendedor puede reclamarle por concepto de daños y perjuicios el precio contractualmente establecido menos el precio de mercado a la fecha prevista en el contrato para la aceptación de la mercancía.

Si existe un precio de mercado de los bienes objeto del contrato incumplido, y el acreedor perjudicado realiza una operación de reemplazo por un valor menor al precio de mercado, no tendrá derecho a exigir la diferencia de precio al deudor de la indemnización[18].

---

[18] El Derecho inglés no adopta específicamente el *precio de sustitución* como medida del daño, sino el precio de mercado. No obstante, en los casos en que no hay salida para la prestación y no sea posible establecer un precio corriente de mercado, los

Como puede apreciarse de lo antes expuesto, los daños y perjuicios se establecen en función de otro contrato a precio de mercado que, según el caso, el comprador o el vendedor deberían haber celebrado, es decir, la cuantía de la indemnización se establece según los principios que derivan de la teoría de la mitigación de los daños. Se trata al contratante perjudicado como si hubiera mitigado los perjuicios experimentados por el incumplimiento de su contraparte. Concretamente, si no se le entrega la mercadería, el comprador debe procurársela mediante una operación de reemplazo al precio de mercado. A la inversa, en caso de rechazo de las mercaderías, el vendedor debe procurar su venta a ese mismo precio. En ambos casos se establece, pues, que en caso de incumplimiento no se responde, sino por la diferencia entre el precio de los bienes vendidos y el precio corriente de mercado en caso de que en el mercado existan bienes sustitutos que satisfagan el interés del acreedor perjudicado, sea este el vendedor (artículo 50) o el comprador (artículo 51). De modo que, como principio del carácter general, se establece la necesidad de celebrar operaciones de reemplazo para evitar el aumento de los daños.

De acuerdo con las precitadas normas, debe existir un mercado disponible o *available market* para las cosas vendidas, lo que quiere decir que exista libertad para comprarlas o venderlas, esto es, que no se trate de bienes de circulación restringida y, además, que exista una demanda suficiente que permita reemplazar esos bienes en forma rápida[19].

Según un sector de la doctrina inglesa, el llamado *duty to mitigate* no constituye, en realidad, una carga, deber u obligación que deriva del contrato celebrado por las partes, sino que es una regla de cuantificación del daño que

---

tribunales ingleses consideran el precio de cobertura como una prueba importante para cuantificar el monto de la pérdida. Al respecto, véase: Beale, H. G.: ***Remedies for breach of contract***. Sweet & Maxwell. London, 1980, pp. 196-197.

[19] Al respecto, véase: Reifegerste, Stéphan: ***Pour une obligation de minimiser le dommage***. Presses Universitaires d'Aix-Marseilles (PUAM). Aix en Provence, 2002, p. 203, especialmente, la nota 685; Hanotiau, Bernard: "*Régime juridique et portée de l'obligation de modérer le dommage dans les ordres juridiques nationaux et le droit du commerce international*". En: *Revue de Droit des Affaires Internationales*. N° 4, 1987, p. 402.

tiene como destinatario al juez. En virtud del principio de mitigación, se afirma, la indemnización debe ser calculada por el juez como si el demandante hubiera mitigado los daños y perjuicios resultantes del incumplimiento[20].

Por otra parte, algunos autores consideran que el *duty to mitigate* no es más que una aplicación específica de la regla según la cual el demandado solo responde de las pérdidas que podían razonablemente preverse al tiempo de la celebración del contrato. Se vincula el principio de mitigación con el problema de la previsibilidad del daño y se afirma que a la hora de determinar qué pérdidas son razonablemente previsibles, hay que suponer que las partes actuarán de manera razonable y mitigar los daños es algo que las personas razonables hacen. De ahí que los llamados daños evitables, esto es, los daños causados por el incumplimiento del contrato que pudieron ser evitados mediante la adopción de medidas razonables no pueden recuperarse mediante el ejercicio de una acción por incumplimiento. *A fortiori,* tampoco responde el demandado por los daños que el demandante efectivamente evitó.

1.2. Derecho norteamericano

En el Derecho norteamericano, en la actualidad, la regla de la mitigación del daño se ha convertido en un principio muy general y se aplica pacífica y reiteradamente por la jurisprudencia de los tribunales norteamericanos, tanto en materia contractual como en materia extracontractual[21]. El demandante, por un lado, no puede obtener reparación por los daños y perjuicios que pudo razonablemente evitar; pero, por el otro, puede obtener la restitución de los gastos razonables en que incurrió para minimizar el daño.

Esta regla está establecida en los artículos 2708 y 2713 del *Uniform Commercial Code* de manera bastante similar a las disposiciones de la *Sales of Goods Act* inglesa a que antes nos referimos. En caso de inejecución del contrato por parte del comprador, de acuerdo con el artículo 2708, los daños y perjuicios

---

20   Smith, Stephen: ***Contract Theory***. Oxford University Press. Oxford, 2007, pp. 428-429.
21   Farnsworth y McCormack: ob. cit., p. 229; Fuller, Ion; Eisemberg, Melvin y George, Mark: ***Basic contract law***. 9a, West Publisting Corporation. St. Paul. Minnesota, 2013, pp. 297-304.

debidos al vendedor equivalen a la diferencia entre el precio contractualmente previsto y no pagado y el precio de mercado de los bienes que son materia del contrato a la fecha prevista para la entrega. Simétricamente, de acuerdo con el artículo 2713, en caso de inejecución por parte del vendedor los daños y perjuicios que el comprador tiene derecho a reclamar corresponden a la diferencia entre el precio de mercado de los bienes objeto del contrato al momento en que el comprador obtuvo conocimiento de la inejecución del contrato y el precio contractualmente previsto.

Otras disposiciones del *Uniform Commercial Code* consagran igualmente aplicaciones particulares del deber de mitigación. El artículo 2712, por ejemplo, le concede al comprador al que su vendedor no le entrega las mercancías vendidas, el derecho a reclamar la indemnización de los gastos causados por la celebración de un contrato de reemplazo. Según el artículo 2715, los daños consecuenciales que resulten del incumplimiento del vendedor no incluyen las pérdidas que el acreedor podría haber evitado por medio de medidas razonables.

Por otra parte, a diferencia del Derecho inglés, en el cual el principio de la mitigación del daño solo se aplica en caso de incumplimiento efectivo, es decir, cuando la inejecución del contrato se haya consumado, el Derecho norteamericano extiende el campo de aplicación del deber de mitigar a los supuestos en los cuales una parte es culpable de incumplimiento anticipado (*anticipatory breach*), es decir, cuando le comunica a la otra que no cumplirá el contrato llegado el momento en que debería cumplir. El perjudicado no debe asumir gastos innecesarios a partir de ese anuncio que se le haga y debe llevar a cabo las acciones necesarias para reducir sus pérdidas. Por ejemplo, el fabricante que decide continuar con la producción de la mercancía objeto del contrato celebrado con su cliente, a pesar de que este le haya comunicado claramente que no aceptará la entrega llegado el momento en que debería ser recibida puede, según las circunstancias, verse privado del derecho de obtener una indemnización por los costos y gastos asociados a la continuación de la producción de dicha mercancía[22]. Según el artículo 2704, tendrá derecho

---

[22]   Reifegerste: ob. cit., pp. 400-401.

en tal caso a obtener la indemnización por estos conceptos, solo si su decisión de continuar con la producción fue razonable; en caso contrario, no. Por ejemplo, si la mayor parte del proceso productivo se hubiere ya adelantado y le sería fácil encontrar un nuevo comprador que adquiriera dicha mercancía por un precio razonable. Aunque el contrato se haya resuelto por incumplimiento anticipado (*anticipatory breach*), parece razonable que el fabricante continúe con la producción de la mercancía y la revenda. En tal caso, tendría derecho a una indemnización por daños y perjuicios por la diferencia entre el precio del contrato original y el precio de reventa, más los costos que suponga el hecho de la reventa.

De lo anterior resulta que en el Derecho norteamericano, en algunas ocasiones se impulsa al acreedor a celebrar una operación de reemplazo aun antes del incumplimiento[23].

El principio de la mitigación del daño también está reconocido mediante una formulación de carácter general en el *Restatement Second on Contracts*[24]. Según el § 350 (1) y (2), la víctima del incumplimiento contractual no puede obtener el pago de los daños y perjuicios por las pérdidas que habría podido evitar sin incurrir en cargas o gastos injustificados o sin que resulte para ella alguna humillación[25]. En estas disposiciones se establece el derecho a la indemnización cuando la víctima tomó medidas para mitigar el daño, aunque estas no hayan sido exitosas. No son, por tanto, recuperables los daños que no fueron evitados y que no implicaban riesgos, cargas o humillaciones por parte del acreedor perjudicado que podía evitarlos. Pero, dentro del monto indemnizable a que este tiene derecho se incluyen los gastos incurridos para mitigar el daño, aunque los esfuerzos de mitigación hayan resultado infructuosos.

---

[23] Ídem.

[24] Cabe hacer notar que a diferencia del *Uniform Commercial Code* que es vinculante por ser una ley que forma parte del Derecho positivo, el *Restatement Second on Contracts*, como los demás *restatements of the law*, no es una ley sino una recopilación de principios que rigen determinadas áreas del Derecho que, en esencia, han sido extraídos de las sentencias de los tribunales; no forman parte del Derecho positivo y, por ende, no son vinculantes.

[25] El § 918 del *Restatement Second of Torts* también establece esta regla.

La actuación del perjudicado por el daño inicial se aprecia conforme al estándar del hombre razonable colocado bajo las mismas circunstancias del acreedor perjudicado por el incumplimiento. Por lo cual, si una persona razonablemente sensata, habría evitado las consecuencias ulteriores del daño, dichos daños no serán indemnizados. En cualquier caso, a la víctima no se le exige que realice esfuerzos de mitigación que resulten extraordinarios o impracticables[26].

La doctrina discute si el acreedor está obligado a aceptar una oferta de cumplimiento distinta de la convenida como medida de mitigación[27].

En la doctrina norteamericana Hillman señala que el acreedor perjudicado incumple su carga de mitigar el daño si no acepta la nueva oferta de cumplimiento, siempre y cuando se cumplan las siguientes condiciones: i. la aceptación de dicha oferta pueda efectivamente reducir el daño; ii. la nueva oferta de cumplimiento sea conforme a los intereses del perjudicado; iii. dicha oferta sea la mejor oferta disponible; iv. el acreedor pueda hacer valer el incumplimiento del contrato original por parte del deudor, a pesar de aceptar la nueva oferta; y v. el deudor ofrezca garantías de que cumplirá[28]. Si se cumplen estas condiciones, según Hillman, el acreedor debería aceptar la oferta de cumplimiento con el objeto de minimizar el daño, sin perjuicio de que con posterioridad pueda hacer valer íntegramente su derecho. Es decir, el acreedor debe consentir en una modificación transitoria de la prestación con el objeto de aminorar el perjuicio al deudor, lo que en la práctica se asimila a una revisión del contrato.

---

[26] Farnsworth y McCormack: ob. cit., p. 232, especialmente, las notas 13 y 14 y la jurisprudencia de los tribunales norteamericanos allí citada.

[27] Para un examen de las posiciones de la doctrina y la jurisprudencia italianas sobre la materia, véase: Criscuoli: ob. cit., pp. 589 y ss.; Rossello, Carlo: "*Il danno evitabile con l'ordinaria diligenza*". En: ***Risarcimento del danno contrattuale ed extracontrattuale a cura di Giovanna Visintini***. Giuffrè. Milano, 1984, pp. 55 y ss. En la doctrina española, véase: Fuentes Guínez, Rodrigo: **La extensión del daño contractual**. La Ley. Madrid, 2009, pp. 260-262. Por lo que al Derecho venezolano concierne, véase lo que se expone en la nota 124 *ut infra*.

[28] Hillman, R.: "*Keeping the deal together after breach. Common Law Mitigation Rules-The U.C.C. and the Restatement (Second) on Contracts*". En: *University of Colorado Law Review*. N° 47. 1976, pp. 598 y ss.

La aceptación de la nueva oferta de cumplimiento, se afirma, no hace presumir la satisfacción del acreedor con un acto de ejecución diferente ni implica una renuncia por parte de este a prevalerse de la inejecución parcial o del cumplimiento irregular y exigir los daños y perjuicios que dicho incumplimiento le produzca; solo tiene por objeto minimizar el daño. Sin embargo, para evitar problemas e inconvenientes que puedan presentarse en razón de una interpretación diferente de la conducta del acreedor, se afirma que lo más aconsejable es que, al aceptar la oferta de cumplimiento modificada, el acreedor perjudicado haga reserva expresa de su derecho a reclamar la reparación del daño derivado de la inejecución de la obligación exactamente como había sido contraída[29].

En el sistema del *Common Law*, especialmente en el Derecho norteamericano, la finalidad de las medidas de mitigación del daño es principalmente económica. Se persigue evitar las pérdidas económicas derivadas del incumplimiento del contrato que puedan ser subsanadas o atenuadas por medio de esfuerzos razonables del perjudicado con lo cual se evitan gastos inútiles y una pérdida innecesaria de recursos[30]. Se explica así que se incentive la celebración de contratos de reemplazo, incluso antes que el incumplimiento se haya consumado, que le permitan al acreedor alcanzar de igual manera la satisfacción de su interés económico. Son pues, en definitiva, consideraciones de eficiencia y de minimización de los costos del intercambio de bienes y servicios los que fundamentan la existencia del deber de minimizar el daño en el sistema del *Common Law*.

1.3. Código Civil alemán

El párrafo 254 del Código Civil alemán (B.G.B.) señala textualmente lo siguiente:

> 1. Si cualquier tipo de culpa por parte de la persona dañada ha contribuido a causar el daño, la obligación de indemnizar a la parte perjudicada

---

[29] Al respecto, en la doctrina francesa, véase: Ortscheidt, Jérôme: *La réparation du dommage dans l'arbitrage commercial international*. Éditions Dalloz. París, 2001, pp. 151-152.

[30] Hillman: ob. cit., p. 558.

y el alcance de la indemnización a realizar depende de las circunstancias; sobre todo hasta que punto el daño ha sido causado predominantemente por una u otra parte.

2. Esto se aplica incluso si la culpa del perjudicado consistió solo en una omisión a la hora de llamar la atención del deudor acerca del peligro de un daño anormal que el deudor no conocía ni debiera haber conocido o en una omisión a la hora de evitar o mitigar el daño. La disposición del § 278 se aplica *mutatis mutandi*.

Esta disposición –se afirma– consagra tres supuestos de culpa del perjudicado: i. cuando el perjudicado concurre causalmente a la producción del daño; ii. cuando *ex ante* omite avisar al deudor acerca de un riesgo que este no conocía ni debía conocer y del cual se pueden derivar ingentes perjuicios para aquel; iii. cuando el perjudicado *ex post* incurre en una omisión al momento de evitar o mitigar el daño[31].

La doctrina alemana fundamenta el deber de mitigar el daño en la buena fe que preside todas las relaciones obligatorias (B.G.B. § 242). Cuando el perjudicado no evita el daño que amenaza o bien no aminora aquel que ya se ha producido, incurre en culpa, puesto que infringe un deber jurídico de actuar impuesto por la buena fe[32].

Conviene recordar que, en el Derecho alemán, la obligación de resarcimiento es autónoma y el B.G.B. no distingue entre obligación de resarcimiento contractual y obligación de resarcimiento extracontractual; solo existe una obligación general de resarcir el daño causado. Como el deber de mitigar el daño se encuentra consagrado dentro de las normas generales que rigen el Derecho de las obligaciones, dicha regla se aplica tanto en materia contractual como

---

[31]   Medicus, Dieter: **Tratado de las relaciones obligacionales**. Vol. I. Bosch Casa Editorial. Trad. Ángel Martínez Sarrión. Barcelona 1995, pp. 310-311; Larenz, Karl: **Derecho de obligaciones**. Tomo I. Editorial Revista de Derecho Privado. Trad. Jaime Santos Briz. Madrid, 1958, p. 219.

[32]   Larenz: ob. cit., p. 223.

extracontractual. En fin, tanto el acreedor de una obligación surgida de un contrato que haya sido incumplida como el acreedor del resarcimiento que surge de un hecho ilícito, tienen el deber de contener el daño a fin de no agravar la posición del demandado[33].

Por último, en la doctrina alemana se considera que el llamado deber de mitigar el daño es, en realidad, una carga, pues no existen lesiones al derecho de otro, sino meramente el incumplimiento de mandatos establecidos en interés propio. Por tanto, el deber de mitigar el daño es, en definitiva, una carga derivada de la buena fe establecida en consideración a los intereses de la contraparte[34].

1.4. Código Civil italiano de 1942

A diferencia del Código Civil italiano de 1865 que no establecía, en una disposición de alcance general, el deber de la parte agraviada por el incumplimiento de su contraparte contractual de evitar los perjuicios derivados de la inejecución del contrato, el *Codice* contiene una disposición especial en la cual se consagra explícitamente el deber del acreedor perjudicado de evitar la propagación de las consecuencias dañosas del hecho lesivo. El artículo 1227 del *Codice* después de regular, en el inciso primero, el efecto de la culpa del acreedor en la producción del daño, en forma semejante a nuestro artículo 1189[35], establece, en el inciso segundo, la no indemnización del daño que el acreedor habría podido evitar con la ordinaria diligencia, en los términos siguientes:

> El resarcimiento no se debe por el daño que el acreedor habría podido evitar empleando la diligencia ordinaria.

---

[33] Wieacker, Franz: **El principio general de la buena fe**. Ediciones Civitas. Trad. José Luis Carro. Madrid, 1977, pp. 88-92.

[34] Larenz: ob. cit., p. 223.

[35] El inciso primero del artículo 1227 del Código Civil italiano se refiere a la concurrencia del hecho culposo del acreedor perjudicado en la producción del daño en los siguientes términos: "Si el hecho culposo del acreedor ha concurrido a causar el daño, el resarcimiento se disminuye en atención a la gravedad de la culpa y la entidad de las consecuencias que derivan de ellas". El artículo 1189 del Código Civil venezolano, por su parte, dice lo siguiente: "Cuando el hecho ilícito de la víctima ha contribuido a causar el daño, la obligación de repararlo se disminuirá en la medida en que la víctima

Esta disposición prevé la exoneración de responsabilidad, es decir, la exclusión del resarcimiento del daño evitable por el acreedor perjudicado.

Por otra parte, conviene tener en cuenta que, de acuerdo con el artículo 1223 del *Codice*:

> El resarcimiento del daño por la inejecución o retardo debe comprender tanto la pérdida sufrida por el acreedor como la utilidad de que se haya privado, siempre y cuando sean su consecuencia inmediata y directa.

Al comentar esta disposición, en la doctrina italiana moderna, Visintini expresa que la misma consagra un criterio de delimitación del *quantum respondeatur*, que excluye del monto del daño indemnizable las consecuencias dañosas mediatas e indirectas de la falta de cumplimiento de la obligación. Según Visintini, esta norma tiene su origen en el artículo 1229 del Código Civil italiano de 1865 que, a su vez, recogió el artículo 1151 del *Code*, los cuales vinculaban la irresarcibilidad del daño evitable al criterio de la exclusión del resarcimiento de las consecuencias mediatas e indirectas del incumplimiento. La única diferencia de la formulación legal actual respecto de las disposiciones de las cuales deriva consiste en que solo en el Código Civil de 1942 se consagra autónomamente la regla que excluye la resarcibilidad del daño evitable por el acreedor

---

ha contribuido a aquel". Aunque esta disposición regula el supuesto de la concurrencia de la culpa de la víctima con la culpa del agente en la producción del daño en materia de responsabilidad civil por hecho ilícito, la doctrina admite que sus efectos se producen igualmente en materia contractual cuando la culpa del acreedor concurre con la culpa del deudor en el incumplimiento de una obligación derivada de un contrato, en cuyo caso la obligación de reparar el daño que tiene el deudor se ve reducida en la medida en que la culpa del acreedor contribuyó al mismo, lo que consagra expresamente el inciso primero del artículo 1227 del *Codice* antes transcrito. Al respecto, en la doctrina nacional, véase: Mélich-Orsini, José: **Doctrina general del contrato**. Academia de Ciencias Políticas y Sociales. Caracas, 2012, p. 505, especialmente, la nota 93; Maduro Luyando, Eloy y Pittier Sucre, Emilio: **Curso de obligaciones. Derecho Civil** III. Tomo I. Universidad Católica Andrés Bello. Caracas, 2001, pp. 234-235; Kummerow, Gert: "Esquema del daño contractual resarcible según el sistema normativo venezolano". En: **Indemnización de daños y perjuicios (autores venezolanos)**. Reimp. Ediciones Fabreton. Caracas, 1998, p. 332.

actuando con la diligencia ordinaria (artículo 1227, inciso 2°). En cambio, bajo el sistema del *Code* (artículo 1151) y del Código Civil italiano de 1865 (artículo 1229), el no resarcimiento del daño evitable por el acreedor perjudicado se vinculaba al criterio de la causalidad directa, es decir, a la norma que limitaba el resarcimiento a las consecuencias directas e inmediatas del hecho lesivo. Por lo cual, afirma Visintini, al no existir en el Código Civil italiano de 1865 una disposición autónoma, el fundamento del deber de evitar o mitigar el daño se encontraba en la exigencia del daño directo[36].

Esta justificación de la carga mitigadora en la exigencia del daño directo que contiene el artículo 1229 del Código Civil italiano de 1865, idéntico al artículo 1275 del Código Civil venezolano, debe tenerse especialmente en cuenta al examinar el fundamento del deber de limitar la amplitud del daño en los ordenamientos como el nuestro que, tomando como modelo el Código Civil francés de 1804 y el Código Civil italiano de 1865, tampoco consagran en términos positivos de manera explicita el deber de mitigación por parte del acreedor perjudicado. Nos referiremos de nuevo a este tema al examinar la fundamentación del deber de evitar o mitigar el daño en nuestro ordenamiento (*infra*, N° 4.4).

La doctrina italiana se ha encargado de señalar que el comportamiento que el inciso 2° del artículo 1227 del *Codice* exige al acreedor perjudicado consiste no solamente en no agravar el daño con la propia acción, sino también en una conducta activa dirigida a evitar las consecuencias dañosas del comportamiento del agente. El perjudicado –se afirma– está llamado, primero que todo, a la abstención de conductas que puedan llevar a un agravamiento de los daños generados por el agente; en segundo lugar, a una conducta positiva tendiente a evitar los daños que todavía no se han generado, pero que amenazan con verificarse[37]. La infracción de cualquiera de estos deberes se traduce en

---

[36] Visintini, Giovanna: ***Trattato breve della responsabilità civile. (Fatti illeciti. Inadempimento. Danno risarcibile)***. Cedam. Padova, 2005, pp. 680-681.

[37] Sapone, Natalino: ***Il concorso di colpa del danneggiato***. Giuffrè Editore. Milano, 2007, p. 293; Visintini, Giovanna: *"Risaracimento del danno"*. En: ***Trattato di Diritto privatto***. Diretto da P. Rescigno. Vol. IX. UTET Giuridica. Torino, 1984, pp. 205 y ss.

una exclusión del resarcimiento de los mayores daños *ex* artículo 1227, segundo inciso, del *Codice*[38].

Según un sector de la doctrina italiana, a estos dos deberes debe añadirse un tercero, a saber, el deber de mitigar el daño, que consiste en el deber positivo que se impone al acreedor perjudicado de reducir o remover los daños ya producidos, en la medida en que ello sea posible[39].

En opinión de un importante sector de la doctrina italiana, el deber de evitar el daño se fundamenta en la buena fe y en el principio de la corrección (*correttezza*)[40]. Igualmente, en la jurisprudencia italiana, aunque con algunas vacilaciones, se ha ido asentando la idea de que la evitación del daño es una expresión del deber objetivo de la buena fe que impone al acreedor perjudicado por el incumplimiento de su contraparte contractual no solo abstenerse de agravar su daño, sino también realizar una actividad destinada a evitar la propagación de los efectos del daño o a disminuir su impacto, dentro del límite de la diligencia ordinaria[41].

Como el artículo 2056 del *Codice* ordena aplicar a la evaluación del daño extracontractual, las reglas sobre el *quantum respondeatur* establecidas en sede contractual, el deber de evitar el daño corresponde tanto al acreedor perjudicado por el incumplimiento de una obligación contractual como a la víctima de un hecho ilícito. La doctrina italiana es conteste al respecto[42].

---

[38]   Bianca, Cesare Massimo: ***Diritto Civile* (Vol. V, *La responsabilità*)**. Giuffrè Editore. Milano, 2012, pp. 159-160; De Cupis, Adriano: **El daño (Teoría general de la responsabilidad civil)**. Bosch Casa Editorial, S.A. Trad. Ángel Martínez Sarrión. Barcelona, 1975, pp. 283-287; en contra, Rescigno citado en De Cupis: ob. cit., p. 287, nota 87.

[39]   De Cupis: ob. cit., p. 287.

[40]   Visintini: ob. cit. (***Trattato breve della responsabilità civile*…**), p. 145; Bianca: ob. cit. (***Diritto Civile*, Vol. v**), pp. 159-160; Criscuoli: ob. cit., p. 572.

[41]   Al respecto, véase: Pinori, Alessandra: ***Il danno contrattuale. I principi generali e tecniche di limitazione giudiziale del danno***. Cedam. Padova, 1998, pp. 369 y ss. y la jurisprudencia de los tribunales italianos allí citada.

[42]   Por todos, véase: De Cupis: ob. cit., p. 283.

El deber de mitigación se refiere a una conducta obligatoria para el perjudicado de acuerdo con un criterio de diligencia ordinaria que se aprecia según las circunstancias particulares de cada caso.

1.5. *Código Civil de Quebec*

Bajo el imperio del antiguo Código Civil de 1860 inspirado en el Código Civil francés de 1804, la jurisprudencia de los tribunales, influenciada por las decisiones de los países del *Common Law*, había ya reconocido la existencia del deber de minimizar el daño, lo que mereció comentarios muy favorables por parte de la mayoría de la doctrina[43].

El Código Civil de Quebec que fue votado en 1991 entró en vigencia el 1º de enero de 1994. Uno de los objetivos de sus redactores fue integrar la responsabilidad contractual y la extracontractual, a cuyo efecto el Código contiene un capítulo de disposiciones comunes aplicables a estas dos esferas de la responsabilidad civil (artículos 1457-1481). Entre estas, el artículo 1479 establece que "la persona que debe reparar un daño no responde de la agravación de este cuando la víctima se encontraba en la situación de evitar dicha agravación". En esta disposición, el legislador reconoce de manera implícita el deber de minimizar el daño. Al liberar al responsable de indemnizar los daños no mitigados por el perjudicado, se consagra en forma indirecta la carga que pesa sobre este de mitigar los daños. De esta forma, bajo el ángulo de la sanción, la regla de la mitigación del daño tiene un alcance de carácter general[44].

1.6. *Códigos Civiles de Bolivia y Perú y Código Civil y Comercial argentino*

En los Códigos Civiles de América Latina, con la excepción de Bolivia y Perú, cuyos códigos se inspiraron en el Código Civil italiano de 1942, y de Argentina, cuyo Código Civil y Comercial promulgado el 07 de octubre de 2014 entrará en vigencia el 1º de agosto de 2015, no existen disposiciones que establezcan expresamente que el daño que podía ser evitado por el perjudicado no debe ser resarcido.

---

[43]   Faribault y De Lorimier citados en Reifegerste: ob. cit., p. 47, nota 97.

[44]   Reifegerste: ob. cit., p. 48.

De acuerdo con el artículo 348 del Código Civil boliviano de 1976:

> I. Si un hecho culposo del acreedor hubiere concurrido a ocasionar el daño, el resarcimiento se disminuirá en proporción a la gravedad del hecho y a la importancia de las consecuencias derivadas de él.

> II. No hay lugar al resarcimiento por el daño que el acreedor hubiera podido evitar empleando la diligencia ordinaria.

El artículo 1327 del Código Civil peruano de 1984, por su parte, prescribe:

> El resarcimiento no se debe por los daños que el acreedor habría podido evitar usando la diligencia ordinaria, salvo pacto en contrario.

Esta disposición después de consagrar el principio general del no resarcimiento del daño evitable, admite la posibilidad de que las partes en sus convenciones agraven la responsabilidad del deudor incluyendo dentro del *quantum respondeatur* la indemnización del daño que el acreedor hubiera podido evitar. Como las reglas sobre la extensión del resarcimiento no son de orden público, en virtud del principio de la autonomía de la voluntad las partes pueden, al menos en principio, incrementar la responsabilidad del deudor incluyendo dentro del daño indemnizable al daño evitable.

Por último, el artículo 1710 del Código Civil y Comercial argentino incluido dentro de las disposiciones generales sobre la responsabilidad civil dice lo siguiente:

> Deber de prevención del daño. Toda persona tiene el deber, en cuanto de ella dependa, de: a. evitar causar un daño no justificado; b. adoptar, de buena fe y conforme a las circunstancias, las medidas razonables para evitar que se produzca un daño, o disminuir su magnitud; si tales medidas evitan o disminuyen la magnitud de un daño del cual un tercero sería responsable, tiene derecho a que este le reembolse el valor de los gastos en que incurrió, conforme a las reglas del enriquecimiento sin causa; c. no agravar el daño, si ya se produjo.

1.7. Código Civil francés

En el Derecho Civil francés la situación es diferente. El Código Civil de los franceses (Código Napoleón) no consagra expresamente el deber del acreedor perjudicado de mitigar el daño y la jurisprudencia ha sido bastante reticente a reconocer la existencia de este deber. La doctrina francesa, por su parte, se encuentra muy dividida respecto del reconocimiento de este deber en el *Code*.

En la doctrina francesa clásica, ya Pothier en el terreno de la responsabilidad contractual se planteaba el problema de la extensión de los daños resarcibles por el deudor doloso y para excluir la reparación del daño indirecto se refería al "daño necesario", a cuyo efecto trae el famoso ejemplo del comerciante que a sabiendas le vende a un agricultor una vaca que padece una enfermedad contagiosa: el animal muere a consecuencia de la enfermedad; este contagia a los demás animales del agricultor, los cuales también mueren; por la falta de animales, el agricultor no puede cultivar sus tierras; la falta de cultivo hace que no pueda hacer frente a sus obligaciones; por lo tanto, sus acreedores le embargan y luego rematan a precio vil sus bienes. De todos esos daños, Pothier afirma que el vendedor debe responder por la pérdida de la vaca y de los animales contagiados por haber sido el dolo del comerciante el que causó todo ese perjuicio.

Respecto de si corresponde o no el resarcimiento por el defecto de cultivo de las tierras del comprador, Pothier señala que el defecto de cultivo no es una consecuencia absolutamente necesaria de la pérdida del ganado puesto que el agricultor habría podido, a pesar de la pérdida del ganado, obviar ese defecto de cultivo haciendo cultivar sus tierras por otros animales que podía comprar o, en caso de que no pudiera comprarlos, por otros animales que hubiese podido alquilar, o bien subarrendado sus tierras si no tenía medios para hacerlas producir por sí mismo. En síntesis, el no cultivo de las tierras no debe serle resarcido por el vendedor o, al menos, no debe este resarcirlo en su integridad por tratarse de una consecuencia innecesaria de la pérdida del ganado, ya que la actividad diligente del comprador lo hubiera podido evitar.

Luego se pregunta si la responsabilidad se extiende al remate de la finca a muy bajo precio por parte de los acreedores del agricultor a quien este no pudo pagar por la falta de cultivo de la tierra. Pothier señala que el vendedor no estará obligado por el remate que el agricultor sufrió en sus bienes, ya que este daño es solamente una consecuencia muy alejada y muy indirecta y no hay una relación necesaria entre este hecho y la pérdida del ganado, pues aunque la pérdida de las vacas haya influido en el trastorno de la fortuna del comprador, bien pudo haber tenido otras causas. Por consiguiente, el vendedor solo estaba obligado a indemnizar por la muerte de la vaca y los animales muertos por contagio (daño directo) pero no por la falta de cultivo y los embargos (daños indirectos).

Pothier sienta el principio de que no deben comprenderse dentro de la indemnización los daños que, además de ser una consecuencia remota del dolo, no son una consecuencia necesaria y pueden tener otras causas. En conclusión, según Pothier, el daño evitable es atribuible más bien a la negligencia del acreedor que al incumplimiento de la obligación y por esto no debe ser resarcido y se excluye del *quantum respondeatur*[45].

La doctrina francesa clásica siguió en términos generales las enseñanzas de Pothier y consideró que la posibilidad de evitar el daño era un aspecto particular de la causalidad. En el ejemplo propuesto por Pothier, concluye que los daños por defectos de cultivo al igual que el embargo de las tierras no eran resarcibles por no ser una consecuencia cierta o necesaria de la culpa del deudor[46]. Por su parte, Mazeaud, al examinar cuándo un perjuicio es directo y cuando es indirecto, afirma: "El perjuicio es indirecto cuándo falta la certidumbre de la existencia del ligamen de causalidad (…) por consiguiente, el autor de la falta inicial no responde en la cadena de los perjuicios, sino de aquellos que son la consecuencia cierta, necesaria de esa falta"[47].

---

[45] Pothier, R.J.: **Tratado de las obligaciones**. Traducción castellana. Editorial Heliasta. Buenos Aires, 1978, pp. 98-99.

[46] Al respecto, véase: Demolombe, Charles: *"Traité des contrats. Tome I"*. En: ***Cours de Code Napoleon***. Vol. XXIV. París, 1868, p. 599; Marcadé, V.: **Explication théorique et pratique du Code Civil**. Tome IV. Delamotte et Fils. París, 1873, p. 445; Baudry-Lacantinerie, G.: ***Précis de Droit Civil***. Tome II. Recueil Sirey. París, 1921, p. 77; Planiol, Marcel: ***Traité élémentaire de Droit Civil***. Tome II. París, 1926, pp. 93-94.

[47] Mazeaud, Henri: ***Cours de Droit Civil. 1949-1950***. Les Cours de Droit. París, 1950, p. 560.

En la doctrina francesa moderna, Larroumet sostiene que el fundamento del deber de minimizar el daño se encuentra en la causalidad: la conducta del acreedor que, pudiendo adoptar medidas para contener las consecuencias del daño derivadas del incumplimiento y no lo hace, interrumpe el nexo causal entre el daño inicial y el perjuicio final, independientemente de que dicha inacción obedezca o no a la culpa del acreedor. Por lo cual, los mayores daños que este experimente en razón de su inacción no le serán indemnizados por tratarse de daños que no son una consecuencia directa y necesaria del incumplimiento. En tal sentido, expresa Larroumet:

> Desde un punto de vista jurídico el mejor fundamento de la obligación de moderar el daño se encuentra en la causalidad. Cuando como consecuencia de un comportamiento dañino se producen daños en cadena, siempre se ha admitido que el deudor solo debe reparar aquellos que son una consecuencia inmediata y directa y, debe agregarse, necesaria, del daño inicial. Cuando interviene un evento cuyo efecto consiste en producir una ruptura en el encadenamiento de causas, el deudor no está obligado a la reparación de los daños que derivan de este evento (…) debe admitirse la misma solución cuando el acreedor permanece inactivo no obstante que podía adoptar medidas para limitar el daño experimentado por el hecho del incumplimiento por parte del deudor. La idea es, en efecto, exactamente la misma cuando se producen daños en cadena. Cuando el acreedor tiene la posibilidad de actuar, es decir, de adoptar medidas que limiten las consecuencias dañosas por las cuales demanda reparación al deudor y no lo hace, hay que tomar en consideración dicha inacción que pone de manifiesto una ruptura del vínculo causal (…) entiéndase bien, se trata de un mero problema de causalidad, de ruptura del encadenamiento de causas. Esta solución no tiene nada que ver con la culpa del acreedor. Poco importa que el acreedor haya incurrido o no en culpa al no haber adoptado las medidas que habrían permitido limitar su daño (…) en fin de cuentas el deber de mitigación es inherente a la causalidad en la responsabilidad civil[48].

---

[48] Larroumet, Christian: "*Obligation de modérer le dommage et arbitrage du point de vue du droit français*". En: *Gazette du Palais*. N° 290. París, 2008, p. 8. En la doctrina francesa moderna, la profesora Geneviève Viney se muestra igualmente partidaria de

Otro sector de la doctrina francesa sostiene que el deber de mitigar el daño deriva del deber de cooperación impuesto por la buena fe que sujeta a las partes a la necesidad de colaborar entre sí para superar las dificultades que puedan surgir durante la vida de la relación obligatoria.

Exponente de esta corriente de opinión en la doctrina francesa clásica es el autor René Demogue, quien sostenía que, como consecuencia del deber de colaboración entre las partes, el acreedor (incluido el perjudicado por un hecho ilícito) debe prevenir los daños y si no lo hace su resarcimiento se verá reducido en la medida del daño que podía ser evitado. En este sentido expresa Demogue:

> Cuando la falta se produce causando un daño de cierta magnitud, ¿podríamos decir que la víctima comete una falta si ella no toma las medidas necesarias para disminuir el daño? Una respuesta afirmativa no deja la menor

---

excluir el resarcimiento del daño evitable. Al referirse a esta cuestión, la ilustre profesora emérita de la Universidad de París, a pesar de manifestar su disconformidad con la inclusión en el Derecho francés de un deber general de mitigación en términos tan amplios y con el mismo contenido que tiene este deber en los ordenamientos de los países del *Common Law*, se pregunta: "¿Puede no obstante afirmarse que el Derecho francés no contenga disposición alguna que permita reducir la indemnización en razón de la actitud de la víctima que ha dejado que el daño se propague, no obstante haber podido contenerlo dentro de límites más estrechos?". La profesora Viney responde que no, puesto que el Derecho francés contiene disposiciones con cuya aplicación puede perfectamente hacerse frente a esta situación. En su criterio, "la primera de ellas es el artículo 1151 del Código Civil según el cual aun en caso de que medie dolo por parte del deudor, los daños y perjuicios no deben comprender más que la pérdida experimentada por el acreedor y la utilidad de que este se haya privado que sean consecuencias inmediatas y directas de la inejecución del contrato. Una aplicación rigurosa de esta disposición podría, al menos en materia contractual, privar al acreedor de obtener indemnización por la agravación del daño que se deba a cualquier otra causa distinta de la propia inejecución, especialmente, por aquella que obedezca a su propia negligencia en la gestión de las consecuencias del incumplimiento (…) existen, por tanto, en el Derecho francés medios nada desdeñables para sancionar mediante una disminución de la indemnización, la actitud negligente de la víctima o del acreedor que haya dejado que el daño se propague sin reaccionar" (Viney, Geneviève: "*Rapport de synthèse. Faut il moraliser le droit français de la reparation du dommage?*". En: *Les Petites Affiches*. Nº 232. París, 2002, p. 3).

duda. Aquel cuya casa se está incendiando por causa de un tercero debe adelantar los actos necesarios para apagar el incendio. La persona que recibe una lesión se encontrará en falta si no toma las medidas necesarias para cuidar de sus heridas y no se somete a las operaciones necesarias, salvo si ellas son graves y entrañan un riesgo alto. La víctima comete una falta si deja inútilmente los bienes –que recibieron el impacto dañoso– en ese estado por un tiempo prolongado. La utilidad social crea entonces un deber de frenar el daño en la medida de lo posible. Pero la víctima podrá cobrar los gastos de esta gestión contra el autor del daño. De acuerdo con el principio así expuesto, podemos concluir que en caso de traumatismo psíquico o psicológico causado por un accidente, la víctima debe tener voluntad para reaccionar. Si no lo hace comete una falta. El juez deberá entonces negarle la indemnización salvo si constata un estado psíquico o sicológico de la víctima que le impida reaccionar (…) así, a un derecho rígido –orientado solo a la satisfacción de las partes del contrato–, se sustituye un derecho solidario, obligando a la víctima a trabajar moderadamente en nombre del interés general, es decir, para impedir que el daño continúe[49].

Poco más o menos en el mismo sentido, un sector de la doctrina francesa moderna fundamenta el deber de mitigar el daño en materia contractual en el principio general de la buena fe que rige la contratación[50]. Aun el acreedor de una obligación contractual incumplida, se afirma, se encuentra sometido a las exigencias de la buena fe *ex* artículo 1134 (*in fine*) del *Code* y, por ende, a la necesidad de minimizar el perjuicio derivado de dicha inejecución. De ahí que la inobservancia del deber de mitigación constituye una conducta culposa del acreedor que tiene como consecuencia la reducción del *quantum repondeatur*[51].

Sin embargo, una parte de la doctrina francesa todavía afirma que en Francia no existe un deber general de evitar o mitigar el propio daño. Antes, por el

---

[49] Demogue, René: ***Traité des obligations en géneral.*** Tome IV (*Sources des obligations*). Rousseau & Cie. París, 1924, p. 127.

[50] Jaluzot, Beatrice: ***La bonne foi dans les contrats. Études comparatives des droit français, allemand et japonais.*** Dalloz. París, 2001, pp. 521 y ss.; Reifegerste: ob. cit., pp. 15 y ss.

[51] Desgorces citado en Reifegerste: ob. cit., p. 137.

contrario, se afirma que la irresarcibilidad del daño evitable por el acreedor es un principio ajeno al Derecho francés que no se compadece con las disposiciones del *Code* que consagran el principio de la integridad del resarcimiento[52]. Si además de soportar el daño, el acreedor perjudicado tuviese que hacer lo necesario para mitigarlo, resultaría que, contrariamente al principio de la reparación integral, se haría pesar sobre él un deber hacia el responsable. La víctima, por tanto, no tiene obligación de minimizar su daño en provecho del responsable.

Siguiendo esta orientación, la jurisprudencia francesa, como se dijo, ha sido muy reacia a la inclusión del deber de mitigar el daño en el sistema de la responsabilidad civil, sobre todo en materia extracontractual. Tres sentencias recientes de la Casación francesa han negado expresamente la admisión de la obligación de mitigar el daño en el Derecho francés.

La primera se refiere a una decisión de la Segunda Sala de la Corte de Casación de fecha 19 de julio de 2003 que invalidó una sentencia de la Corte de Apelación que había reducido el monto de la indemnización a la víctima de un accidente de tránsito que se había negado rotundamente a seguir la recomendación de sus médicos de someterse a un tratamiento dirigido a mejorar su condición. En criterio de la Corte de Apelación, el rechazo de la víctima a someterse a dichos tratamientos constituía una culpa que contribuía a la persistencia de sus problemas.

La Corte de Casación decidió que la víctima no había incurrido en culpa puesto que no estaba obligada a actuar conforme a las recomendaciones de sus médicos; nada le imponía esta obligación y su omisión, por tanto, no podía calificarse de "culpa". Más aún, se afirma en la sentencia que el autor de un accidente está obligado a reparar todas las consecuencias dañosas y que "la víctima no tiene la obligación de limitar sus perjuicios en interés del responsable". Por esta razón, la Corte de Casación casó la sentencia.

---

[52]   André, Christophe: *Le fait du créancier contractuel*. L.G.D.J. París, 2002, pp. 232-233. Respecto a las reservas que para la admisión del deber de mitigar el daño le merece a la jurisprudencia francesa el principio de la integridad de la reparación, véase: Viney, Geneviève y Jourdain, Patrice: *"Les Effets de la Responsabilité"*. En: Ghestin, Jacques: *Traité de Droit Civil. (Les obligations)*. Tome VI. L.G.D.J. París, 2001, pp. 121-122.

La segunda decisión de la Corte de Casación se refiere a una mujer dueña de una panadería que había sido víctima de un accidente de tránsito. Como consecuencia del accidente no había podido explotar su panadería durante varios años y demandó la indemnización por la pérdida de su negocio debido a la falta de la explotación. La Corte de Apelación desestimó la demanda por este concepto por considerar que la pérdida del negocio no era una consecuencia del accidente de tránsito, por cuanto la víctima había podido ceder a un tercero su explotación con lo cual no se habría perdido la panadería. La causa del daño había sido pues, en criterio de la Corte de Apelación, la actitud de la víctima. La Corte de Casación en su decisión del 19 de julio de 2003 casó la sentencia y estableció un vínculo causal directo entre el accidente sufrido por la víctima y la pérdida de su negocio. El accidente era la causa del daño y "la víctima no tenia obligación de minimizar sus perjuicios en interés del responsable".

Nuevamente, mediante sentencia del 22 de enero del 2009, la Corte de Casación ordenó al autor de un accidente reparar la totalidad de las consecuencias dañosas y reiteró su jurisprudencia en el sentido de que el perjudicado no tiene un deber de actuar a fin de mitigar sus daños[53].

Para terminar, cabe hacer notar que, aun cuando un sector de la doctrina y buena parte de la jurisprudencia francesas todavía rechazan la idea de imponer a la

---

[53] Sentencias de la Casación francesa reseñadas por San Martín Neira: ob. cit., pp. 196-201. Cabe hacer notar, sin embargo, que algunas sentencias de los tribunales franceses que no reconocen expresamente el principio de mitigación llegan a resultados similares aplicando los principios generales de la culpa en materia contractual. Así, en una sentencia de la Corte de Casación dictada el 22 de abril de 1982 se redujo la indemnización por daños por considerarse que fue una "falta" o culpa del acreedor no evitar las pérdidas debidas a un incumplimiento negligente del deudor. También se cita un caso decidido el 07 de enero de 1924 en el cual el tribunal decidió que el acreedor no podía permitir que aumentaran las pérdidas sin comunicárselo al deudor, de manera que este pudiera interrumpir el suministro de mercancías defectuosas. Al respecto, véase: Lando, Ole y Beale, Hugh: **Principios de Derecho Contractual Europeo**. Partes I y II (Los Trabajos de la "Comisión de Derecho Contractual Europeo"). Colegios Notariales de España. Edición española a cargo de Pilar Barres Benlloch, José Miguel Embrid Iraujo y Fernando Martínez Sanz. Madrid, 2003, pp. 659-660, especialmente, la nota 1ª y la jurisprudencia de los tribunales franceses allí citada. Sin embargo, la jurisprudencia francesa, como se dijo, es reticente a imponer estas cargas o deberes a la parte perjudicada.

víctima de forma general el deber de mitigar su propio daño, en los proyectos que se han propuesto en Francia con la finalidad de reformar el Derecho de las Obligaciones y los Contratos se incluye expresamente este deber[54].

1.8. Código Civil belga

La situación es distinta en Bélgica, no obstante haber adoptado ese país en su legislación interna el *Code*. A pesar de la inexistencia de una disposición del Código Civil que consagre expresamente y con carácter general el deber de la víctima de mitigar su propio daño, la doctrina y la jurisprudencia belgas, fuertemente influenciadas por una larga tradición en el campo del Derecho de seguros, admiten la existencia de este deber[55].

En el ámbito de los seguros ya en la Ley del 11 de junio de 1874 se establecía que "en todo contrato de seguro, el asegurado debe hacer todos aquellos actos

---

[54] Así, en el reciente "Anteproyecto de Reforma del Código Civil francés" preparado por un grupo de trabajo bajo la presidencia del profesor Pierre Catala y remitido al Ministerio de Justicia el 22 de septiembre de 2005 bajo el título *"Avant – projet de réforme du droit des obligations (Articles 1101 à 1386 du Code Civil) et du droit de la prescription (Articles 2234 a 2381 du Code Civil)"*, conocido como el Proyecto Catala, se lee: "Cuando la víctima tenga la posibilidad, por medios seguros, razonables y proporcionados, de reducir la extensión de su perjuicio o evitar su agravación, se tomará en cuenta su abstención para una disminución de su indemnización, salvo que las medidas tengan como consecuencia un atentado a su integridad física". El texto completo del Proyecto Catala puede consultarse en: http://www.justice.gouv.fr/art_pix/RAPPORT-CATALASEPTEMBRE2005.pdf. El artículo 121 del denominado Proyecto Terré preparado en Francia por un grupo de trabajo por iniciativa de la Academia de Ciencias Morales y Políticas, bajo la presidencia del profesor François Terré, establece que "el acreedor que faltando a sus deberes contractuales haya contribuido a la inejecución o a sus consecuencias dañosas, verá sus daños y perjuicios reducidos en proporción a su contribución a la inejecución o a sus consecuencias. Lo mismo se aplicará cuando el acreedor no haya adoptado las medidas seguras, razonables y adecuadas para evitar, moderar o reducir su perjuicio. El acreedor tendrá derecho al reembolso de todos los gastos razonables en que haya incurrido por este concepto". El texto propuesto se encuentra en la obra colectiva: ***Pour une réforme du droit des contrats***. François Terré, director. Dalloz. París, 2009, pp. 11-33.

[55] Kruithof, Robert: *"L`obligation de la partie lésée de restreindre le dommage"*. En: *Revue Critique de Jurisprudence Belge*. N° 7. Bruylant. Bruxelles, 1989, pp. 18-19.

que corresponden a una persona diligente, para prevenir o atenuar el daño" (artículo 17). En la actualidad, solo se menciona la mitigación del daño como un deber separado en el artículo 20 de la Ley de Contrato de Seguro de 1992. No obstante, la doctrina y la jurisprudencia belgas han hecho aplicación de este deber con carácter general y lo han extendido a las demás relaciones contractuales y extracontractuales. En una obra clásica se afirma: "Es conforme con el espíritu del Derecho Civil belga que el perjudicado actúe como un buen padre de familia para limitar en cuanto sea posible el daño"[56].

En materia contractual, se afirma que el acreedor que no adopta medidas razonables para limitar el daño causado por el incumplimiento del deudor, infringe el deber de ejecutar el contrato de buena fe e incurre en una culpa de naturaleza contractual[57].

Otros fundamentos, como la gestión de negocios, la equidad, el abuso de derecho y la interrupción del nexo causal por el hecho de la víctima, han sido también invocados para fundamentar la existencia del deber de mitigar el daño por parte del acreedor perjudicado por la inejecución del contrato[58].

Como expresiones concretas de este deber, se afirma que, en caso de incumplimiento por parte del proveedor, el comprador debe procurar realizar una compra de reemplazo en las mejores condiciones posibles; la misma solución se aplica cuando quien incumple el contrato es el cliente comprador. Del mismo modo, el dueño de la obra, se afirma, debe adoptar medidas de conservación cuando advierta defectos o diversidades en la ejecución del contrato por parte del contratista, para evitar mayores perjuicios por los vicios o desperfectos de la obra contratada; el propietario de la cosa que se deteriora o destruye debe adoptar las medidas requeridas para su oportuna reparación o sustitución, etc.[59].

---

[56] Nos referimos a la obra de Pirson y Deville: ***Traité de la responsabilité civile extra-contractuelle***, citada en Reifegerste: ob. cit., p. 50, nota 111.

[57] Hanotiau: ob. cit., p. 400; Van Ommeslaghe, Pierre: ***Droit des Obligations***. Tome II (*deuxième partie*). Bruylant. Bruxelles, 2010, p. 1604.

[58] Kruithof: ob. cit., pp. 22-36.

[59] Hanotiau: ob. cit., pp. 402-403; Van Ommeslaghe: ob. cit., Tome II, pp. 1604-1605.

Según la doctrina y la jurisprudencia dominantes, en la responsabilidad extracontractual este deber se fundamenta en la noción de culpa aquiliana: la víctima del hecho ilícito que no adopta las medidas razonables para limitar el daño causado viola el deber general de prudencia y diligencia consagrado en el artículo 1382 (sustancialmente equivalente a nuestro artículo 1185). La inobservancia del deber de mitigación se considera, pues, una subespecie de la culpa de la víctima[60].

Se admite que los gastos razonables en que incurra el acreedor perjudicado para mitigar el daño deben serle reembolsados[61].

1.9. Código Civil español

En la legislación civil española tampoco existe un texto legal con alcance general que consagre expresamente el deber de mitigar el daño. No obstante, la jurisprudencia ha aplicado expresa o tácitamente este principio.

Se considera como emblemático el caso resuelto por el Tribunal Supremo de Justicia mediante sentencia del 06 de mayo de 1960. El actor había convenido con la Red Nacional de Ferrocarriles Españoles (Renfe) en el traslado de un circo a una determinada ciudad para las fiestas de Navidad. Transportados los elementos del circo, la empresa ferroviaria exigió una tarifa muy superior a la que el actor estimaba aplicable, por lo que este se negó a pagar. Como consecuencia de esta discusión, el actor no retiró los objetos y no instaló el circo en la Navidad de aquel año. Pedía en su demanda, por demora en la entrega del circo, el lucro cesante del negocio que hubiera obtenido por su instalación en las fechas navideñas. El Tribunal Supremo español rechazó la solicitud de indemnización de estos daños y perjuicios. En el texto de la sentencia se lee que se fundamentó en un criterio restrictivo del lucro cesante. Sin embargo, la doctrina española que comenta esta sentencia afirma que no cabe duda de que la regla aplicable en este caso fue la de excluir el resarcimiento pedido, porque el perjuicio pudo haberse evitado si el actor en cumplimiento de su deber de mitigar

---

[60] Ídem.

[61] Reifegerste: ob. cit., pp. 51-52, especialmente, la nota 119 y la jurisprudencia belga allí citada.

el daño, hubiese actuado diligentemente aceptando la mayor tarifa exigida por la Renfe y reclamado después la restitución de lo pagado en exceso[62].

En otro caso, en el cual se había terminado anticipadamente por desahucio el contrato de arrendamiento de un bar, la actora demandó además del pago de unos cánones de arrendamiento adeudados, la indemnización de los daños provocados por la falta del material inventariado y por desperfectos en el material que se encontraba en el local, así como los daños causados en las instalaciones. El Tribunal Supremo español, mediante sentencia del 28 de octubre de 2005, desestimó el recurso de casación interpuesto por la actora y denegó la indemnización por desperfectos sufridos por parte del material existente y daños en las instalaciones. En la decisión se lee:

> La actitud del arrendador a quien se ofrecen las llaves durante el juicio de desahucio y las rehúsa (…) impediría poner a cargo del arrendatario los daños que se hayan producido después de que quien los ha sufrido pudiera haberlos evitado al asumir el control y la salvaguarda de la cosa, cumpliendo así un deber, anclado en la regla de la buena fe, de evitar o de mitigar el daño, así cabe entenderlo teniendo presente que el ejercicio de todos los derechos se ha de realizar de buena fe[63].

La doctrina española, al igual que lo hace el Tribunal Supremo español, fundamenta el deber de mitigación en la buena fe[64]. Díez-Picazo agrega a esta fundamentación que el incumplimiento del deber de mitigar el daño constituye

---

[62] Sentencia del Tribunal Supremo Español del 06 de mayo de 1960 reseñada en Díez-Picazo, Luis: **Fundamentos de Derecho Civil patrimonial**. Vol. II (Las relaciones obligatorias). Editorial Aranzadi. Pamplona, 2008, p. 784.

[63] Extracto de la sentencia tomado de Fuentes Guínez: ob. cit. ("El deber de evitar o mitigar el daño"), pp. 223-224.

[64] De Ángel Yáguez, Ricardo: **Tratado de responsabilidad civil**. Civitas. Madrid, 1993, pp. 845-846; Soler Presas, Ana: **La valoración del daño en el contrato de compraventa**. Editorial Aranzadi. Navarra, 1998, pp. 64-65; Izquierdo Tolsada, Mariano: **Sistema de responsabilidad civil contractual y extracontractual**. Editorial Dykinson. Madrid, 2001, p. 499.

un factor que rompe la relación de causalidad entre el incumplimiento y el mayor daño experimentado por el acreedor[65].

2. El daño evitable en los principales instrumentos de unificación del derecho de los contratos

El principio del no resarcimiento del daño evitable ha sido ampliamente reconocido en el Derecho internacional de los contratos y en los principales instrumentos de unificación del Derecho privado contractual. A continuación nos referiremos brevemente a la manera como se ha regulado el daño evitable por el acreedor perjudicado en la Convención de Viena sobre los Contratos de Compraventa Internacional de Mercaderías, los *Principios de Unidroit* y los Principios del Derecho Europeo de los Contratos.

En el arbitraje internacional, el deber de mitigar el daño constituye un principio de derecho generalmente aceptado y una de las reglas esenciales de la *lex mercatoria*[66].

2.1. *La Convención de Viena sobre los Contratos de Compraventa Internacional de Mercaderías*

La Convención de Viena sobre los Contratos de Compraventa Internacional de Mercaderías, en lo sucesivo denominada la Convención de Viena o, simplemente, la Convención, ha sido ratificada por 70 países. Venezuela la firmó el 28 de septiembre de 1981, pero aún no la ha ratificado[67].

En principio, la Convención se aplica a los contratos de compraventa de mercaderías suscritos entre las partes que tengan su establecimiento en dos Estados contratantes de la Convención, esto es, que hayan incorporado ese cuerpo

---

[65] Díez-Picazo: ob. cit., pp. 783-784.

[66] *Cfr.*, Derains, Yves: *"L'obligation de mimimiser le dommage dans la jurisprudence arbitrale"*. En: *Revue de Droit des Affaires Internationales*. 1987, pp. 378-381. Larroumet, Christian: ob. cit., p. 6; Ortscheidt, Jérôme: ob. cit., pp. 110-113, especialmente, las notas 490-498 y las decisiones de la jurisprudencia arbitral internacional allí citadas.

[67] El texto de la Convención de Viena puede consultarse en la página web: http://www.uncitral.org/pdf/spanish/texts/sales/cisg/V1057000-CISG-s.pdf.

normativo a su legislación nacional. Pero adicionalmente se aplica en aquellos casos en los cuales las normas de Derecho internacional privado (normas de conflicto) refieran la controversia a una ley de un Estado que haya ratificado la Convención. Por tanto, si la norma de conflicto de un Estado dictaminara la aplicación del derecho de un país miembro de la Convención, resultará esta de aplicación y no el derecho interno de aquel Estado. Además, la voluntad de las partes puede determinar la aplicación de la Convención o de cualquiera de sus disposiciones a sus contratos de compraventa de mercaderías[68].

Por lo antes expuesto, un juez de un Estado que no sea parte de la Convención como, por ejemplo, Venezuela (por aplicación de lo dispuesto en los artículos 29 al 31 de la Ley de Derecho Internacional Privado), puede verse en la necesidad de tener que aplicar la Convención, aun cuando su país no la hubiera ratificado.

2.1.1. Consagración del deber de mitigar el daño

El deber de mitigar el daño está previsto en el artículo 77 de la Convención que dice lo siguiente:

> La parte que invoque el incumplimiento del contrato deberá adoptar las medidas que sean razonables, atendidas las circunstancias, para reducir la pérdida, incluido el lucro cesante, resultante del incumplimiento. Si no adopta tales medidas, la otra parte podrá pedir que se reduzca la indemnización de los daños y perjuicios en la cuantía en que debía haberse reducido la pérdida.

De manera general, esta disposición establece la obligación para la parte que invoca el incumplimiento del contrato de compraventa internacional de mercaderías, en la medida de lo posible, de tratar de reducir los efectos negativos que genera el incumplimiento de su contraparte. La parte víctima del incumplimiento o que sufre sus consecuencias tiene, pues, el deber de adoptar las

---

[68] *Cfr.*, San Juan Crucelaegui, Javier: **Contrato de compra-venta internacional de mercaderías. Convención de Viena de 1980 y otros textos complementarios.** Editorial Aranzadi. Navarra, 2005, pp. 56-57.

medidas necesarias y razonables según las circunstancias, tendientes a mitigar la pérdida, incluido el lucro cesante, que resulte de ese incumplimiento.

Con la inclusión del "lucro cesante" en el objeto de la mitigación, se pretende dejar claro que el acreedor perjudicado no solo debe adoptar las medidas mitigadoras del impacto del daño en sentido estricto, es decir, el daño ya producido, sino también evitar las consecuencias lesivas inminentes que pudieran derivarse del incumplimiento[69]. Este debe, pues, adoptar medidas razonables tanto para contener el alcance de las pérdidas causadas como para evitar cualquier incremento del daño.

2.1.2. Razonabilidad de las medidas de mitigación
Ahora bien, para que surja la obligación de mitigar el daño, deberá existir el conocimiento acerca del incumplimiento de las obligaciones por la contraparte. Igualmente, será necesario que las medidas disponibles para el obligado a mitigar el daño, sean razonables atendidas las circunstancias. Es decir, el afectado deberá tener conocimiento del incumplimiento que genera el daño, y la mitigación de ese daño tiene que ser razonable en atención a las circunstancias[70].

Por "razonables", se afirma, deben entenderse aquellas medidas que un comerciante cauteloso en la posición del acreedor hubiera adoptado[71]. De acuerdo con la opinión más aceptada, una medida tendiente a mitigar el daño es razonable cuando de buena fe pueda esperarse, de acuerdo con las circunstancias que rodean el contrato, la ejecución de dicha conducta o medida. La obligación que se establece en el artículo 77 debe interpretarse tomando en consideración los intereses de ambas partes, las prácticas comerciales y el principio de la buena fe[72]. De acuerdo con lo anterior, la parte que invoca el incumplimiento deberá adelantar

---

[69] *Cfr.*, Soler Presas, Ana: "Comentario al artículo 77". En: **La compraventa internacional de mercaderías. Comentario de la Convención de Viena**. Editorial Aranzadi. Luis Díez-Picazo, coord. Navarra, 1997, p. 625.

[70] *Cfr.*, Rodríguez Fernández: ob. cit. ("El deber de mitigar el daño en la Convención de Viena…"), p. 15.

[71] Soler Presas: ob. cit. ("Comentario al artículo 77"), p. 625.

[72] Rodríguez Fernández: ob. cit. ("El deber de mitigar el daño en la Convención de Viena…"), p. 19, especialmente, la nota 73.

las medidas que un comerciante promedio del ramo adelantaría. Es decir, deberá adelantar todas las acciones posibles con el propósito de mitigar o disminuir la pérdida o, incluso, evitar que la misma se incremente.

2.1.3. Compraventa de reemplazo

Se admite que en el tráfico internacional de mercaderías, la medida mitigadora por excelencia es la celebración de un negocio de cobertura en el mercado[73]. Por lo cual, esas acciones o medidas frecuentemente incluirán la celebración de una venta o compra de reemplazo. De ahí que el artículo 77 de la Convención debe complementarse con los artículos 75 y 76 que establecen las reglas de indemnización en aquellos casos en los cuales la parte que sufre el incumplimiento ha acudido a una compra o a una venta de reemplazo o, inclusive, en aquellos casos en los cuales no lo ha hecho. De acuerdo con el artículo 75 de la Convención de Viena:

> Si se resuelve el contrato y si, de una manera razonable y dentro de un plazo razonable después de la resolución, el comprador procede a una compra de reemplazo o el vendedor a una venta de reemplazo, la parte que exija la indemnización podrá obtener la diferencia entre el precio del contrato y el precio estipulado en la operación de reemplazo, así como cualesquiera otros daños y perjuicios exigibles conforme al artículo 74.

El artículo 76 de la Convención de Viena, por su parte, indica lo siguiente:

> Si se resuelve el contrato y existe un precio corriente de las mercaderías, la parte que exija la indemnización podrá obtener, si no ha procedido a una compra de reemplazo o a una venta de reemplazo conforme al artículo 75, la diferencia entre el precio señalado en el contrato y el precio corriente en el momento de la resolución, así como cualesquiera otros daños y perjuicios exigibles conforme al artículo 74. No obstante, si la parte que exija la indemnización ha resuelto el contrato después de haberse hecho cargo de

---

[73] Se entiende por negocio de cobertura el contrato que sustituye el incumplido y que se celebra con la finalidad de satisfacer el interés de cumplimiento del acreedor. Al respecto, véase: Fuentes Guínez: ob. cit. (**La extensión del daño contractual**), pp. 249-250.

las mercaderías, se aplicará el precio corriente en el momento en que se haya hecho cargo de ellas en vez del precio corriente en el momento de la resolución.

A los efectos del párrafo precedente, el precio corriente es el del lugar en que debiera haberse efectuado la entrega de las mercaderías o, si no hubiere precio corriente en ese lugar, el precio en otra plaza que pueda razonablemente sustituir ese lugar, habida cuenta de las diferencias de costo del transporte de las mercaderías.

De acuerdo con estas disposiciones, el acreedor perjudicado deberá, en la medida de lo posible y acatando el criterio de razonabilidad, buscar una compra de reemplazo en el caso del comprador o una venta de reemplazo si es el vendedor, toda vez que la indemnización a que tendrá derecho la parte víctima del incumplimiento, será la diferencia entre el precio del contrato y el precio de la compra o venta de reemplazo que realizó o debió haber realizado en aquellos casos en que no lo hizo. De lo anterior resulta que estas disposiciones consagran implícitamente el deber de la parte víctima del incumplimiento de mitigar el daño celebrando y ejecutando una compra o una venta de reemplazo.

Conviene tener en cuenta que el artículo 75 de la Convención exige que la compra o la venta de reemplazo sea ejecutada "de una manera razonable y en un tiempo razonable después del incumplimiento". Un tribunal arbitral internacional declaró que para dar satisfacción a esta exigencia, el comprador afectado tenía que actuar como un comerciante del ramo prudente y cuidadoso[74], lo que implica que el precio pactado para la compra o venta de reemplazo sea razonable. Por su parte, una Corte alemana concluyó que el vendedor actuó equivocadamente al haber revendido las mercaderías (en el caso concreto, tocino) a un precio equivalente a una cuarta parte del valor de la venta original[75].

---

[74] Al respecto, véase: Laudo de la Corte Internacional de Arbitraje de la Cámara de Comercio Internacional de París dictado en 1995 (Caso N° 8128) disponible en: http://cisgw3.law.pace.edu/cases/958128i1.html.

[75] Al respecto, véase: Sentencia dictada el 22 de septiembre de 1992 por la Corte de Apelación de Hamm, disponible en: http://cisgw3.law.pace.edu/cases/920922g1.html.

La Corte señaló en su decisión que el precio de la operación de remplazo no era razonable y como tal no se le podía aplicar la norma del artículo 75. Además, la venta de reemplazo debe realizarse en un tiempo prudente, para así evitar la pérdida o deterioro de las mercaderías.

El acreedor perjudicado debe pues procurar celebrar un negocio de reemplazo que verse sobre los mismos bienes y bajo análogas condiciones a las del contrato incumplido, comportándose como lo haría un comerciante prudente del ramo. Si el acreedor no celebró una operación de reemplazo (ni debió haberlo hecho en cumplimiento de la carga de mitigación que le incumbe) y existe un "precio corriente" para las mercaderías objeto del contrato[76], tendrá derecho a reclamar la diferencia entre el precio convenido y el precio corriente al momento de la resolución, así como los demás daños y perjuicios que resulten del incumplimiento.

2.1.4. Otras medidas

Pero la compra o venta de reemplazo no es la única medida de mitigación del daño. Estas pueden incluir otras tales como la reparación de las mercancías entregadas, la eliminación de sus defectos, la reutilización de la maquinaria vendida o el retorno de las mercaderías a su lugar de origen para luego efectuar en ese lugar una operación sustituta. En un caso decidido por un tribunal arbitral de la República Popular de China en el cual el comprador se había negado a recibir las mercancías, el tribunal consideró que transportar de vuelta dichas mercancías a su lugar de origen había sido una medida razonable adoptada por el vendedor para mitigar los daños, conforme a la práctica internacional; por lo cual, en el monto de la indemnización el tribunal incluyó no

---

[76] Por precio corriente se entiende el precio al que normalmente se compran o venden las mercaderías objeto del contrato en la plaza de cumplimiento. El artículo 32 de la Ley Uniforme sobre la Venta Internacional de Bienes Muebles Corporales adoptada por la Convención de La Haya el 1º de julio de 1964 establece que "el precio de mercado no es exclusivamente el precio resultante de cotización oficial o tasada de los bienes, sino también cualquier otro que pudiera determinarse atendiendo el tráfico comercial". Se admite que lo mismo puede predicarse de la Convención de Viena, aunque no cuente con un precepto similar. Al respecto, véase: Soler Presas: ob. cit. ("Comentario al artículo 77"), p. 618, especialmente, la nota 32.

solo la diferencia entre el precio de la venta de reemplazo y el precio del contrato original, sino además los costos de almacenamiento y el flete pagado por el vendedor para transportar las mercancías hasta el lugar donde debía realizarse la entrega, así como el flete cancelado para retornar dichas mercancías a su lugar de origen[77].

Por otra parte, las medidas adoptadas por el acreedor perjudicado por el incumplimiento no deben implicar gastos innecesarios o riesgosos como, por ejemplo, costos de sustitución excesivos o medidas cuyo costo exceda el valor de las ventajas derivadas del contrato. Así lo ha dejado establecido la jurisprudencia arbitral internacional[78].

2.1.5. Aceptación de nuevas condiciones de contratación para mitigar daños

La jurisprudencia extranjera registra algunos casos interesantes respecto de si para mitigar el daño, conforme a lo dispuesto en el artículo 77 de la Convención, el acreedor perjudicado está obligado a aceptar nuevas condiciones o términos impuestos por la parte que incumple el contrato. Así, un tribunal de los Países Bajos en fecha 1º de marzo de 2006 se pronunció por la negativa. Los hechos fueron los siguientes: el vendedor, ante el aumento del precio del acero en los mercados internacionales, informó al comprador que no cumpliría su obligación de entrega, a menos que este aceptara un pago adicional del 5 % del valor del contrato. El comprador no aceptó esta proposición. El vendedor no entregó el acero prometido y el comprador demandó la indemnización de los daños y perjuicios causados por el incumplimiento. El vendedor alegó que el comprador había incumplido con su deber de mitigar el daño al

---

[77]   Al respecto, véase: Laudo de fecha 06 de marzo de 1997 de la Comisión Internacional Económica y Comercial China (Cietac *Arbitration Proceding (Men's shirts case)*. (Caso CISG/1997/01), disponible en: http://cisgw3.law.pace.edu/cases/970306c1.html.

[78]   En tal sentido, una corte suiza en fecha 03 de diciembre de 2002 decidió que el deber de mitigar el daño obliga a la parte afectada por el incumplimiento a adelantar los gastos necesarios para evitar la propagación de las consecuencias lesivas del incumplimiento, siempre y cuando los mismos sean razonables y no impliquen desembolsos excesivos. Al respecto, véase la decisión de la Corte Comercial de St. Gallen de fecha 03 de diciembre de 2002, disponible en: http://cisgw3.law.pace.edu/cases/021203s1.html.

no haber aceptado comprar las mercaderías del mismo vendedor a un precio mayor. El tribunal desestimó esta pretensión y consideró inaceptable la teoría según la cual una medida para mitigar los daños causados por el incumplimiento de la entrega de las mercaderías por parte del vendedor era la compra al mismo vendedor de un material de las mismas calidades por un valor mayor al inicialmente pactado[79].

Esta decisión colide con la posición de un sector de la doctrina que, al comentar el artículo 77 de la Convención de Viena y examinar el alcance del deber de mitigar, sostiene que el esfuerzo razonablemente exigible para mitigar las pérdidas puede llegar incluso a imponer al acreedor perjudicado la aceptación de la modificación de los términos contractuales o la financiación de una adquisición adicional en caso de haber anticipado el precio de compra[80]. Siguiendo esta orientación, un tribunal arbitral de la Cámara de Comercio Internacional en marzo de 1999 resolvió que las medidas razonablemente exigibles pueden imponer a la víctima del incumplimiento considerar y posiblemente aceptar una oferta alternativa de cumplimiento de su contraparte incumpliente[81]. Siendo esto así, para evitar problemas, es aconsejable que el acreedor perjudicado que reciba de su co-contratante incumpliente una oferta de cumplimiento alternativa, considere seriamente dicha oferta, conjuntamente con otras medidas de mitigación del daño, y que no la rechace de plano *ab initio*.

2.1.6. *Compensatio lucro cum danno*

La doctrina discute si debe reducirse la pérdida experimentada por la víctima del incumplimiento que cumplió con su carga de mitigación *ex* artículo 77 de

---

[79] Sentencia de fecha 1º de marzo de 2006 de la Corte del Distrito de Arnhem del Reino de los Países Bajos. Caso Skoda Kovarny *vs*. B. van Dijk Jr. Staalhandelmaatschappij B.V., disponible en: http://cisgw3.law.pace.edu/cases/060301n1.html.

[80] Soler Presas: ob. cit. ("Comentario al artículo 77"), pp. 625-626.

[81] Extracto del laudo arbitral de la Corte Internacional de Arbitraje de la Cámara de Comercio Internacional de marzo de 1999 (Caso ICC Nº 9594) reseñado por McKendrick, Ewan: "*Section 4. Damages. Article 7.4.8 of the PICC*". En: ***Commentary on the Unidroit Principles of International Commercial Contracts*** (PICC). Stefan Vogenauer y Jan Kleinheisterkamp, directores. Oxford University Press. Oxford, 2009, pp. 902-903.

la Convención de Viena, cuando ella obtuvo un beneficio como consecuencia de la inejecución del contrato por su contraparte.

Según algunos autores, cuando una persona ha mitigado la pérdida y obtiene de esa actividad una ventaja comparativa, tal ventaja debe reducirse de los daños y perjuicios que se originaron directamente del incumplimiento, por aplicación de la regla *compensatio lucro cum danno*. Por ejemplo, cuando el vendedor, ante el incumplimiento por parte del comprador de retirar las mercancías vendidas, queda relevado de su obligación de entrega y vende dichas mercancías a un mejor precio[82].

Otros, en cambio, consideran que la regla *compensatio lucro cum danno* es totalmente ajena al principio de mitigación que recoge el artículo 77 de la Convención de Viena, que solo comprende los resultados de las medidas de mitigación "exigibles". Como la cobertura "a precio de mercado" celebrada por el acreedor de la indemnización determina el alcance del perjuicio indemnizable a que tiene derecho dicho acreedor *ex* artículo 76 de la Convención de Viena por la pérdida experimentada en razón de no haber obtenido la prestación esperada de su contraparte, no puede pretender el responsable del incumplimiento disminuir del monto de la indemnización los beneficios que haya obtenido el acreedor por el hecho de haber realizado una operación de cobertura en "condiciones más ventajosas" que las del mercado ya que, se afirma, dicho acreedor no está en absoluto obligado a cubrirse en estas condiciones y no existe principio alguno por el que deba imputarse al deudor incumplidor el lucro obtenido[83].

La jurisprudencia inglesa, por su parte, ha limitado el monto de los daños y perjuicios indemnizables compensando este monto con los beneficios generados, siempre y cuando dichos beneficios hayan sido consecuencia directa del incumplimiento. Pero en aquellos casos en los cuales el beneficio se habría generado independientemente de que se hubiese producido o no el incumplimiento e independientemente de las medidas de mitigación del daño

---

[82] Beatson, Jack: *Anson`s Law of Contract*. Oxford University Press. Oxford, 2002, p. 616.

[83] Soler Presas: ob. cit. ("Comentario al artículo 77"), pp. 626-627.

adoptadas por el acreedor perjudicado, este tendrá derecho a la indemnización completa de los perjuicios causados[84].

2.1.7. Carga de la prueba

La prueba del incumplimiento del deber de mitigar el daño corresponde al deudor de la indemnización que alegue dicho incumplimiento para beneficiarse de él u obtener una disminución del *quantum respondeatur*.

2.1.8. Consecuencias de la aplicación del principio de mitigación

De acuerdo con la segunda disposición del artículo 77 de la Convención de Viena, si el acreedor perjudicado no adopta las medidas de mitigación, la otra parte puede pedir que se reduzca la indemnización de los daños y perjuicios en la cuantía en que debía haberse reducido la pérdida. Se excluye, pues, del resarcimiento toda pérdida que pudiera haberse evitado mediante la adopción de medidas razonables.

Por consiguiente, la parte que haya incumplido el contrato puede reclamar una reducción de la cuantía de los daños y perjuicios indemnizables equivalente al monto por el cual su contraparte hubiese podido reducir o mitigar los daños derivados del incumplimiento y no lo hizo efectivamente. La jurisprudencia extranjera registra un caso interesante en el cual el tribunal arbitral dividió la pérdida entre el comprador afectado y el vendedor que había incumplido parcialmente su obligación de entregar las mercancías vendidas, por cuanto el comprador no había procedido a mitigar los daños derivados del incumplimiento.

Los hechos fueron los siguientes: Un comprador austríaco (demandado) y un vendedor húngaro (demandante) celebraron un contrato de compraventa de cerezas. El vendedor entregó una parte de los productos vendidos. Se produjo después un aumento significativo del precio de las cerezas en el mercado internacional. El vendedor manifestó su disposición de soportar las consecuencias del incremento del precio de las cerezas ya entregadas, pero dio por

---

[84] Al respecto, véase la sentencia dictada en 1912 en el caso British Westinghouse Ltd. *vs*. Underground Electric Railway Co., reseñada en Peel: ob. cit., pp. 1062-1064.

terminado el contrato respecto de las cerezas no entregadas, alegando que el comprador había aceptado dicha terminación anticipada del contrato. El comprador alegó que no había consentido en poner fin al contrato y que la falta de entrega (parcial) por parte del vendedor le había causado daños y perjuicios superiores al valor de las cerezas que había recibido de este. El vendedor reclamó el pago del precio de las cerezas entregadas y el comprador contrademandó por los daños y perjuicios experimentados por no haberle entregado el vendedor las cerezas faltantes de acuerdo con el contrato. El tribunal en su decisión de fecha 25 de mayo de 1999 declaró parcialmente con lugar la demanda y condenó al comprador a pagar el precio de las cerezas ya entregadas. Pero como el vendedor no logró demostrar que el comprador había convenido en la terminación del contrato, el tribunal declaró que aquel era responsable por los daños y perjuicios derivados de su incumplimiento. El tribunal declaró igualmente que el comprador podía perfectamente haber realizado oportunamente una compraventa de reemplazo en el mercado y que al no hacerlo no había cumplido con su deber de mitigación. Por lo cual, el tribunal declaró también parcialmente con lugar la contrademanda y dividió la pérdida entre el vendedor incumpliente y el comprador perjudicado que no observó su carga de mitigación[85].

2.1.9. Reembolso de los gastos de mitigación

Aunque la Convención de Viena, a diferencia de los Principios de Unidroit y los PDEC (*infra*, N° 2.2.7), no contiene previsión alguna que disponga la inclusión dentro del resarcimiento del monto de los gastos de mitigación, se admite su reembolso siempre y cuando dichos gastos sean razonables y no impliquen un despilfarro[86], lo que nos parece justo ya que si la reducción de las pérdidas conlleva un costo para el acreedor perjudicado, el mismo debe ser soportado por el contratante responsable del incumplimiento.

---

[85] Al respecto, véase la sentencia dictada en fecha 25 de mayo de 1999 en el caso N° VB 99142 Budapest Arbitration Award, disponible en: http://cisgw3.law.pace.edu/cases/990525h1.html. Un resumen del caso puede consultarse en Rodríguez Fernández: ob. cit. ("El deber de mitigar el daño en la Convención de Viena…"), p. 22, nota 86.

[86] Schlechtriem y Sholl citados en Soler Presas: ob. cit. ("Comentario al artículo 77"), p. 628.

2.2. Los Principios de Unidroit y los Principios del Derecho Europeo de los Contratos

2.2.1. Disposiciones aplicables

La exclusión del resarcimiento del daño evitable por el acreedor perjudicado ha sido igualmente prevista en los Principios de Unidroit[87] y en los Principios del Derecho Europeo de los Contratos (PDEC)[88] en los siguientes términos:

---

[87] Los Principios de Unidroit son los principios o reglas generales sobre los contratos comerciales internacionales preparados por el Instituto Internacional para la Unificación del Derecho Privado ("Unidroit") en 1994 y ampliados, posteriormente, en 2004 y en 2010. Persiguen la unificación o armonización del derecho aplicable a la contratación mercantil internacional y sirven como modelo para la legislación en el campo nacional e internacional. El texto de estos principios puede consultarse en idioma español en: www.unidroit.org. Los comentarios oficiales a estos principios están disponibles en los idiomas inglés y francés en dicha página. Los ejemplos utilizados en esta sección han sido tomados del comentario oficial al artículo 7.4.8 de los Principios de Unidroit. En la doctrina nacional, en relación con los Principios de Unidroit, véase: Rodner, James Otis: "Los Principios de Unidroit. Su aplicación en Venezuela y en el Arbitraje Internacional". En: **Arbitraje comercial interno e internacional. Reflexiones teóricas y experiencias prácticas**. Academia de Ciencias Políticas y Sociales. Caracas, 2005, pp. 147 y ss.; Martínez, Jaime: "Anotaciones sobre los Principios de Unidroit". En: *Revista de la Facultad de Derecho*. N° 51. Universidad Católica Andrés Bello. Caracas, 1997, pp. 199 y ss.

[88] En el año 1999 se publicó la obra **Principles of European Contract Law** que fue el resultado del trabajo llevado a cabo por la Comisión sobre Derecho Contractual Europeo, más conocida como Comisión Lando, en honor a su presidente, el profesor Ole Lando. El propósito de la Comisión fue redactar un documento con los principios generales de un futuro Derecho europeo de los contratos para regir las relaciones entre sujetos pertenecientes a los diferentes estados miembros de la Unión Europea. Estos principios aspiran a convertirse en el punto de partida del proceso de codificación del Derecho contractual europeo. El texto de estos principios puede consultarse en idioma español en: http://campus.usal.es/~derinfo/Material/LegOblContr/PECL%20I+II.pdf. Los comentarios a estos principios están disponibles en idioma español en Lando y Beale: ob. cit. (**Principios de Derecho Contractual Europeo**). Los ejemplos utilizados en esta sección han sido tomados de los comentarios al artículo 9:505 de los PDEC.

Principios de Unidroit:

> Artículo 7.4.8 (Atenuación del daño)
> (1) La parte incumplidora no es responsable del daño sufrido por la parte perjudicada en tanto que el daño pudo haber sido reducido si esa parte hubiera adoptado medidas razonables.
> (2) La parte perjudicada tiene derecho a recuperar cualquier gasto razonablemente efectuado en un intento por reducir el daño.

Principios del Derecho Europeo de los Contratos:

> Artículo 9:505 (Deber de mitigar el daño)
> (1) La parte que incumple no responde de las pérdidas sufridas por el perjudicado en la medida en que este hubiera podido mitigar el daño adoptando medidas razonables.
> (2) El perjudicado tiene derecho a recuperar el importe de los gastos razonables que tuvo que hacer al intentar mitigar el daño.

Como resulta evidente del tenor literal de las disposiciones transcritas, la exclusión del daño evitable del *quantum respondeatur*, está prevista en términos sustancialmente idénticos en ambos instrumentos de unificación del Derecho privado[89].

2.2.2. Fundamento del principio de mitigación

La necesidad de actuar para limitar o mitigar el impacto del daño o impedir la propagación de las consecuencias del incumplimiento constituye una manifestación del principio general de buena fe en la contratación y en el comercio

---

[89] Los Principios de Unidroit al igual que los PDEC –y a diferencia de la Convención de Viena que es un tratado internacional– son una recopilación de principios en materia de contratos. Sin embargo, los primeros tienen una aspiración global; en cambio, los segundos han sido dictados para el ámbito europeo. No obstante, desde otro punto de vista, los PDEC son más amplios que los Principios de Unidroit, pues ellos no se limitan a los contratos mercantiles internacionales, sino que se refieren a los contratos en general, sean domésticos o internacionales, mercantiles o no mercantiles.

internacional. Se afirma que no se compadece con las exigencias de la corrección y la buena fe responsabilizar a quien incumple un contrato por las pérdidas que la parte perjudicada podía evitar o mitigar mediante una conducta razonable. La regla sobre mitigación del daño es pues una consecuencia del deber general de actuar de buena fe y correctamente prevista en los artículos 1.7(1) de los Principios de Unidroit y 1:201 de los Principios del Derecho Europeo de los Contratos. La regla de la mitigación es una expresión de estos principios y del deber de cooperación entre las partes contratantes y entre los actores del comercio internacional consagrado también en ambos instrumentos internacionales (Principios de Unidroit, artículo 5.1.3 y PDEC artículo 1:202), que implica la obligación de tener en cuenta el interés legítimo de la otra parte. Esta fundamentación se invoca con frecuencia en el arbitraje internacional[90].

A lo que puede agregarse que, según el Comentario Oficial al artículo 7.4.8 de los Principios de Unidroit, el objetivo de esta disposiciones es "evitar que la parte perjudicada permanezca inactiva y aguarde pasivamente el resarcimiento del daño que pudo evitar y cuyas consecuencias pudo atenuar" porque si así lo hiciere "no será resarcido todo daño que ella pudo evitar adoptando medidas razonables". También está establecida esta regla para promover la eficiencia económica puesto que "tampoco resulta sensato desde un punto de vista económico permitir el incremento de un perjuicio que pudo reducirse adoptando medidas razonables"[91].

2.2.3. Carga mitigadora del daño

El artículo 9:505 de los Principios del Derecho Europeo de los Contratos lleva por título "Deber de mitigar el daño", y en el Comentario Oficial al artículo 7.4.8 de los Principios de Unidroit se habla del "deber que debe adoptar la parte perjudicada para limitar la amplitud del daño". Se admite que lo que consagran estos instrumentos internacionales es, en realidad, una "carga" de

---

[90] Al respecto, véase: Eberhard, Stefan: *Les sanctions de l'inexécution du contrat et les Principes Unidroit.* CEDIDAC. Lausanne, 2005. p 215.

[91] Al respecto, véase: "Principios de Unidroit. Comentario Oficial N° 1 al artículo 7.4.8". En. *Unidroit Principles of International Commerciale Contracts.* International Institute for the Unification of Private Law. Roma, 2010, p. 277.

mitigación del daño, toda vez que no se trata de una obligación jurídica en sentido estricto, cuyo cumplimiento pueda ser exigido por el deudor que ha incumplido el contrato y cuyo incumplimiento lleve aparejado una sanción. Estamos ante una mera carga –*obliegenheit*– o deber jurídico atenuado que pesa sobre quien pretenda el resarcimiento de un daño precluyendo el mismo en la medida en que las pérdidas sufridas pudieron haber sido minoradas. Lo que corroboran las disposiciones transcritas cuando en su texto refieren los efectos de su inobservancia a la extensión del daño indemnizable a cargo del deudor incumpliente.

En fin, el deber de mitigar el daño que recogen estos instrumentos internacionales es una carga –*onere*– que obliga al acreedor del resarcimiento a adoptar todas aquellas medidas que, atendidas las circunstancias objetivas y subjetivas del caso, se estimen razonables en orden a reducir la extensión del perjuicio sufrido y evitar la propagación de las consecuencias lesivas del incumplimiento. No es estrictamente una obligación, pues no es coercible, su infracción no genera responsabilidad, sino que solo excluye del daño resarcible el perjuicio evitable. Está, pues, establecido en interés del mismo perjudicado[92].

2.2.4. Medidas razonables

En las disposiciones transcritas se exige al acreedor que adopte las "medidas razonables" para contener el daño con lo cual se hace referencia a la actitud del hombre sensato que deberá adecuar su conducta a las circunstancias del caso. En este sentido, el artículo 1:302 de los Principios del Derecho Europeo de los Contratos trae la siguiente definición de lo razonable:

> Para los presentes principios, lo que se entienda por razonable se debe juzgar según lo que cualquier persona de buena fe, que se hallare en la misma situación que las partes contratantes, consideraría como tal. En especial para

---

[92] Como expresa Saidov, Djakhongir: ***The law of damages in international sales. The CISG and other international instruments***. Hart Publishing. Oxford y Portland, 2008, p. 131, "la mitigación es un acto que la parte perjudicada debe tomar en su propio interés para que no se le impida recuperar daños por la pérdida que habría podido reducir o evitar".

determinar aquello que sea razonable, habrá de tenerse en cuenta la naturaleza y objeto del contrato, las circunstancias del caso y los usos y prácticas del comercio o del ramo de actividad a que el mismo se refiera.

De donde resulta que el acreedor debe realizar todas aquellas actividades que, con base en las circunstancias y conforme a la experiencia, se presenten verosímilmente aptas para mitigar el daño y que, además, sean económicamente adecuadas (proporcionadas) a las condiciones del contrato o del perjuicio sufrido[93]. Así, por ejemplo, en la celebración de un contrato de reemplazo deberá procurar condiciones similares al contrato original, la sustitución del bien dañado por el deudor que ha incumplido el contrato deberá realizarla el acreedor perjudicado con un bien de características similares, etc.

Como se indica más adelante, el incumplimiento del deber de mitigar el daño puede proceder tanto de unos gastos innecesarios o irrazonables por parte del perjudicado, como de no haber actuado de manera adecuada y razonable para reducir las pérdidas (*infra*, Nos 2.2.6 y 2.2.7).

Como se dijo, en el Derecho internacional de los contratos se considera que una de las medidas más oportunas para mitigar el daño es la celebración de un "contrato de reemplazo"; sobre todo, en aquellos casos en los cuales el contrato tiene por objeto mercaderías o servicios fácilmente adquiribles en el mercado[94]. Los artículos 7.4.5 de los Principios de Unidroit y 9:506 de los Principios del Derecho Europeo de los Contratos se refieren a la situación en que la parte perjudicada ha realizado una operación de reemplazo, en cuyo caso el perjuicio sufrido se considera que es la diferencia entre el precio del contrato y el precio de la operación de reemplazo.

Pero adicionalmente de acuerdo con estas disposiciones, la parte perjudicada puede también obtener el resarcimiento por el "daño adicional" que demuestre

---

93 Hanotiau: ob. cit., p. 401.
94 En la jurisprudencia arbitral internacional puede consultarse con provecho la obra de Derains: ob. cit. (*"L'obligation de mimimiser le dommage dans la jurisprudence arbitrale"*), pp. 376 y ss.

haber sufrido, por ejemplo, los gastos incurridos para obtener y organizar un contrato de reemplazo. De donde resulta que la diferencia entre los dos precios de los contratos es una "indemnización mínima" a que tiene derecho el acreedor perjudicado. El Comentario Oficial N° 2 al artículo 7.4.5 de los Principios de Unidroit trae el siguiente ejemplo ilustrativo de daños adicionales cubiertos por el resarcimiento: "A", un astillero, se compromete a ajustar un buque perteneciente a "B", un naviero, para lo cual se conviene en que las reparaciones se llevarán a cabo a partir del 1° de julio en el muelle de "A", a un costo de US$ 500.000. El 1° de junio "B" se entera que el muelle solo estará disponible a partir del 1° de agosto. "B" resuelve el contrato y después de largas y costosas negociaciones celebra un contrato con "C", otro astillero de características idénticas al de "A", a un costo de US$ 700.000. "B" tiene derecho a ser indemnizado por "A" no solo por la diferencia del precio de US$ 200.000, sino también por los gastos en que incurrió y la compensación por el período más prolongado durante el cual no podrá disponer del buque[95].

En cualquier caso, la operación de reemplazo debe llevarse a cabo dentro de un tiempo razonable y de una manera razonable, a fin de evitar que la parte incumplidora sea perjudicada por una conducta apresurada o maliciosa. Dicho en otras palabras, el negocio de reemplazo debe ser una "sustitución razonable". La parte perjudicada no puede pretender que se le compense por una diferencia entre el precio del contrato y el precio de una operación alternativa que sea tan diferente del contrato original en cuanto a su valor o su clase que no se traduzca en una sustitución razonable[96].

Tal y como se prevé en la Convención de Viena (*supra*, N° 2.1.3), con el objeto de facilitar la prueba del daño cuando no tuvo lugar una operación de reemplazo pero existe un precio corriente para la prestación contratada, tanto los Principios de Unidroit como los Principios del Derecho Europeo de los Contratos presu-

---

[95] Al respecto, véase: Principios de Unidroit. Comentario Oficial N° 1 al artículo 7.4.5, ob. cit. (***Unidroit Principles of International Commerciale Contracts***), p. 273.

[96] Al respecto, véase: los Principios de Derecho Contractual Europeo. Comentario al artículo 9:506, en: Lando y Beale: ob. cit., p. 662.

ponen que el daño resarcible en tales casos equivale a la diferencia entre el precio del contrato y el precio corriente en el momento de resolver el contrato.

De acuerdo con el artículo 7.4.6 (2) de los Principios de Unidroit, se entiende por precio corriente:

> ... el precio generalmente cobrado por mercaderías entregadas o servicios prestados en circunstancias semejantes en el lugar donde el contrato debió haberse cumplido o, si no hubiere precio corriente en ese lugar, el precio corriente en otro lugar que parezca razonable tomar como referencia.

2.2.5. Apreciación del esfuerzo mitigador

El perjudicado deberá adoptar las medidas razonables para evitar o mitigar la pérdida que el mismo sufra como consecuencia del incumplimiento del deudor. La carga de minimizar la pérdida impone al acreedor que pretenda su resarcimiento la adopción de todas aquellas medidas que puedan ser útiles al respecto y que se estimen razonablemente exigibles. Así, en un caso resuelto por la Corte Internacional de Arbitraje de la Cámara de Comercio Internacional en marzo de 1999, un acreedor hindú que había comprado determinadas instalaciones industriales que adolecían de algunas fallas, rechazó los términos de una transacción propuesta por su vendedor, un comerciante español, mediante la cual este le ofrecía en términos razonables reparar dichas instalaciones. La Corte Internacional de Arbitraje consideró que el comprador había incumplido con el deber de mitigar sus pérdidas por cuanto continuó utilizando las instalaciones vendidas sin haber tomado medidas adecuadas para reparar dichas instalaciones y rehusó entrar en negociaciones con su vendedor. Por lo cual, resolvió denegarle al acreedor demandante una compensación por los daños y perjuicios que había podido evitar con las reparaciones que le había ofrecido efectuar el vendedor[97].

---

[97] Laudo N° 9594 de marzo de 1999 de la Corte Internacional de Arbitraje de la Cámara de Comercio Internacional, transcrito en Bonell, Michael Joachim: *The Unidroit Principles in Practice. Caselaw and bibliography on the principles of commercial contracts*. Transnational Publishers. Ardsley. New York, 2006, pp. 794-797. Para un examen crítico del laudo, véase: McKendrick: ob. cit., pp. 902-903.

En todo caso, la valoración del esfuerzo mitigador exigible debe hacerse sin excesivo rigor o, si se prefiere, con suficiente flexibilidad. Así lo admite la doctrina y lo ha dejado establecido la jurisprudencia arbitral internacional[98].

Las medidas en concreto exigibles dependen del contrato particular incumplido. La determinación de la razonabilidad de la conducta que se le exige al acreedor perjudicado para mitigar el daño es, por supuesto, una cuestión de hecho, no de derecho. Así, a la víctima del incumplimiento puede exigírsele que adopte medidas razonables para impedir el deterioro del objeto del contrato; y si no lo hiciere, puede concluirse que no ha observado su carga de mitigar el daño. Por ejemplo, si el constructor suspende súbitamente los trabajos de construcción encomendados cuando la obra estaba a punto de ser concluida y el comitente busca otro constructor que finalice la construcción, pero no toma las medidas adecuadas para proteger la construcción realizada, la cual se deteriora por fuertes lluvias. El comitente no podría, entonces, reclamar indemnización por los daños a la construcción derivados de las lluvias[99].

La conducta exigible, se afirma, será tanto más eficiente cuanto más arriesgado sea el contrato en concreto incumplido, sin que por ello se llegue al extremo de entender exigible que el contratante arriesgue su propia reputación comercial, cause daño a un tercero o se involucre en complicados litigios, cuando solo se trata de disminuir la responsabilidad de la parte que ha incumplido[100]. Tampoco son razonables las medidas que constituyan una carga excesiva en relación con el valor del contrato[101].

En algunas ocasiones, una parte puede tomar medidas que, juzgadas en el momento de su adopción, lucen razonables para reducir las pérdidas, pero en

---

[98] McKendrick: ob. cit., pp. 902-903; Laudo N° 10346 de diciembre de 2000 de la Corte Internacional de Arbitraje de la Cámara de Comercio Internacional, citado y transcrito en Bonell: ob. cit., pp. 883-894.

[99] Al respecto, véase: Principios de Unidroit. Comentario Oficial N° 1 al artículo 7.4.5, ob. cit. (*Unidroit Principles of International Commerciale Contracts*), p. 274.

[100] Mc Kendrick: ob. cit., p. 902.

[101] *Cfr.*, Adame Goddard, Jorge: **El contrato de compraventa internacional**. McGraw-Hill. Ciudad de México, 1994, pp. 212. y ss.

realidad, las aumentan. No obstante, se admite que será indemnizable, en tal caso, la totalidad de la pérdida. El comentario oficial al artículo 9:505 de los Principios del Derecho Europeo de los Contratos trae el siguiente ejemplo ilustrativo: "G" celebra un contrato de suministro a largo plazo para comprar petróleo a "H"; las entregas deberán comenzar en el plazo de seis meses. Tres meses después sube mucho el precio del petróleo a causa de la amenaza de guerra en El Golfo y "H" se niega a seguir con el contrato. "G" resuelve el contrato rápidamente y celebra un negocio de sustitución con "J" al precio que se encuentra establecido en ese momento para los suministros a entregar tres meses después. Llegado el momento de la entrega, la amenaza de guerra ha desaparecido, lo que significa que "G" podría haber comprado el petróleo al precio original. De todos modos, "G" actúo de manera razonable al celebrar el contrato de sustitución y tiene derecho a una indemnización por daños y perjuicios basándose en la diferencia entre el precio originalmente pactado en el contrato y el precio que tuvo que pagarle a "J".

En fin, el juicio de razonabilidad de la conducta es un juicio *ex ante*. El juzgador debe tener en consideración aquello que, conforme a las circunstancias que rodeaban al acreedor, era razonable al momento de adoptar la decisión. Lo importante es que el sujeto realice el análisis de razonabilidad y actúe conforme a sus conclusiones. Si así lo hiciere, es irrelevante que, en definitiva, la decisión adoptada demuestre no haber sido la más oportuna[102].

2.2.6. Efectos de la carga mitigadora

Como consecuencia de la exigencia del deber de minimizar el daño, como se dijo, el acreedor perjudicado no podrá recuperar la pérdida que mediante medidas razonables y una conducta diligente, pudo haber evitado o reducido y no lo hizo. Por consiguiente, cuando el acreedor podía haber evitado el daño sufrido este no debe ser resarcido, es decir, está excluido del resarcimiento. Así lo dicen expresamente los artículos 7.4.8 de los Principios de Unidroit y 9:505 de los Principios del Derecho Europeo de los Contratos.

---

[102] *Cfr.*, San Martín Neira: ob. cit., p. 392.

Según algunos autores, en virtud de estas disposiciones, el daño evitable lleva a una solución "todo o nada" que lo diferencia de la culpa de la víctima, pues esta conlleva la repartición de responsabilidades. Es decir, el deber de mitigar excluye el resarcimiento de la pérdida en toda su extensión, sin que proceda analizar qué parte o cuota de la misma es atribuible a la conducta del acreedor puesto que, en puridad, no lo es ninguna[103].

En cambio, otros autores consideran que no es correcto afirmar que en todo caso la omisión del perjudicado lleva a una exclusión de la responsabilidad del contratante que ha incumplido el contrato, pues no siempre es así[104]. Por ejemplo, la celebración de un contrato de reemplazo no siempre conlleva la supresión o eliminación de todos los perjuicios provocados por el incumplimiento; por tanto, si el acreedor no lo celebra, omite suprimir o eliminar aquella parte de los daños que habría podido evitar, no todo el daño sufrido.

A nuestro modo de ver, cuando se dice que el daño evitable no tiene el carácter de resarcible, ello significa que si todo el daño podía ser evitado no hay resarcimiento alguno, pero si solo una parte de él era evitable, el resarcimiento se excluye solo por esa parte, subsistiendo el derecho a reclamar el restante.

---

[103] En tal sentido, McKendrick: ob. cit., p. 903, afirma: "cuando haya quedado establecido que la parte perjudicada no ha tomado medidas razonables para reducir el perjuicio, la parte incumpliente no es responsable del perjuicio que es atribuible a la falta de adopción de medidas razonables. El juzgador no tiene discreción alguna sobre la materia. En tal caso, la parte incumpliente no es responsable y no lo es por la totalidad de la pérdida que se atribuye a la no adopción de medidas razonables. El juzgador en tal caso no puede repartir la pérdida".

[104] En este sentido, en la doctrina italiana, puede consultarse a Bianca: ob. cit. (***Diritto Civile***, Vol. v), p. 124, quien a propósito del inciso 2º del artículo 1227 del *Codice* expresa: "No compartimos (…) la idea de que la norma sobre el daño evitable excluya del todo el resarcimiento de este daño. Debe decirse más bien que el resarcimiento queda totalmente excluido solo cuando la producción del daño se encuentre íntegramente bajo la esfera de control del perjudicado y la omisión se erija ahora en la causa próxima y absorbente del daño interrumpiendo el nexo etiológico entre el incumplimiento o el ilícito y el daño".

2.2.7. Reembolso de los gastos de mitigación

A diferencia de la Convención de Viena que no trae disposición expresa sobre la materia (*supra*, N° 2.1.9), tanto en los Principios de Unidroit como en los Principios del Derecho Europeo de los Contratos se hace expresa referencia al derecho que tiene la parte perjudicada de recuperar los gastos razonables que conlleve la evitación del daño. Ocurre con frecuencia que la parte perjudicada tiene que llevar a cabo algunos gastos para mitigar sus pérdidas. Siempre que se trate de una cantidad razonable, estos gastos adicionales pueden recuperarse.

El acreedor perjudicado puede pues recuperar de la parte incumplidora los gastos efectuados para evitar la extensión del daño. De tal manera que los gastos en que incurra el acreedor perjudicado para concluir un contrato de reemplazo, subsanar defectos, efectuar reparaciones o restituir mercaderías, etc. deben ser soportados por el responsable. La regla se compadece con el principio de la reparación integral del perjuicio experimentado por el acreedor. Es perfectamente lógico y natural que estos gastos los soporte en definitiva el deudor que ha incumplido el contrato[105].

El acreedor perjudicado debe sufragar con su propio peculio los gastos asociados a las medidas mitigadoras del daño, pudiendo luego reclamar su reembolso al responsable del incumplimiento. Pero se admite que aquel puede recurrir a un financiamiento externo en aquellos casos en los cuales, de acuerdo con las circunstancias como, por ejemplo, la falta de medios del acreedor o el excesivo costo de la medida, ello sea razonable[106].

En todo caso, la víctima no puede evitar el daño a cualquier costo: su actuación debe ajustarse a los límites de lo razonable. El deudor deberá solo hasta

---

[105] *Cfr.*, Eberhard: ob. cit., p. 216; Ortscheidt: ob. cit., p. 170, especialmente, la nota 742 y la jurisprudencia de la Corte Internacional de Arbitraje de la Cámara de Comercio Internacional allí citada.

[106] Véase: Principios de Unidroit. Comentario Oficial N° 2 al artículo 7.4.8. (ejemplo N° 4), ob. cit. (***Unidroit Principles of International Commerciale Contracts***), p. 278; Principios de Derecho Contractual Europeo. Comentario al artículo 9:505 (ejemplo N° 1), en: Lando y Beale: ob. cit., pp. 656-657. A propósito del artículo 77 de la Convención de Viena, véase: Soler Presas: ob. cit. ("Comentario al artículo 77"), p. 626.

el monto de lo razonable. Determinar qué es lo razonable en un caso concreto es siempre una cuestión de hecho que no puede ser establecida anticipadamente. Como se dijo, no se consideran razonables aquellos gastos que constituyan una carga excesiva en relación con el valor del contrato[107].

De acuerdo con los Principios de Unidroit (artículo 7.4.8) y los Principios del Derecho Europeo de los Contratos (artículo 9:505), la parte perjudicada tiene derecho a recuperar cualquier gasto razonablemente efectuado "en un intento por reducir el daño". De donde resulta que el costo razonable de las medidas adoptadas para evitar o mitigar el daño le debe ser reembolsado al acreedor perjudicado, independientemente de que dichas medidas en la práctica hayan efectivamente evitado o mitigado el perjuicio o no lo hayan hecho. Por ejemplo, si el acreedor perjudicado incurre en gastos para lograr la celebración de un contrato de reemplazo, tendrá derecho al reembolso de los mismos aun en el caso de que los esfuerzos emprendidos para llevar a cabo la respectiva operación de cobertura no resulten exitosos[108].

En resumidas cuentas, por un lado, el deber de mitigación implica la exclusión del resarcimiento de la pérdida que el acreedor pudo haber evitado mediante la adopción de medidas razonables y la limitación de la indemnización al costo de dichas medidas que debieron haberse adoptado; pero, por el otro, como contrapartida, el resarcimiento debe incluir el costo de las medidas adoptadas aunque en definitiva dichas medidas no resultaron eficaces para contener las pérdidas, siempre y cuando las mismas juzgadas *ex ante* cuando el acreedor las adoptó parecían razonables[109].

---

[107] Al respecto, véase: Principios de Unidroit. Comentario Oficial Nº 2 al artículo 7.4.8. (ejemplo Nº 4), ob. cit. (**Unidroit Principles of International Commerciale Contracts**), p. 278; Principios de Derecho Contractual Europeo. Comentario al artículo 9:505 (ejemplo Nº 1), en: Lando y Beale: ob. cit., (partes I y II), pp. 656-657.

[108] *Cfr.*, McKendrick: ob. cit., p. 903.

[109] *Cfr.*, Dobbs, Dan B.: **Handbook on the Law of remedies, damages, equity, restitution.** West Publishing Co. St. Paul, Minnesota, 1973, p. 267.

2.2.8. Carga de la prueba

Corresponde al contratante incumpliente demostrar que su co-contratante perjudicado por el incumplimiento no adoptó las medidas razonables para contener el daño y que de haberlas tomado, se habría reducido el perjuicio por él experimentado.

Si la víctima del incumplimiento hubiere celebrado un contrato de reemplazo, esta deberá acreditar su derecho a dar por terminado el contrato y que la operación de reemplazo se efectuó dentro de un tiempo y de manera razonable. Debido a que en algunas ocasiones resulta difícil probar que la operación realizada fue efectivamente un negocio de reemplazo, para evitar problemas e inconvenientes es aconsejable que el acreedor perjudicado notifique a su contraparte acerca de su disposición de celebrar un negocio de cobertura[110].

Cuando no se celebró una operación de reemplazo, pero existe un precio corriente por la prestación contratada, el acreedor perjudicado deberá aportar prueba del precio corriente al tiempo de la resolución del contrato. Para probar el precio corriente se suele recurrir a organizaciones profesionales, cámaras de comercio, etc.

2.2.9. Concurrencia de culpas y deber de mitigar

Para terminar, conviene tener en cuenta que tanto los Principios de Unidroit como los Principios del Derecho Europeo de los Contratos distinguen claramente entre la concurrencia de la culpa de la víctima del incumplimiento en la producción del daño (artículos 7.4.7 y 9:504, respectivamente) y el deber de mitigación que corresponde al acreedor perjudicado (artículos 7.4.8 y 9:505, respectivamente). Mientras que los primeros artículos tratan de la conducta imputable a la parte perjudicada en relación con la causa que originó el daño inicial, los segundos se refieren a la conducta posterior que observa o pudo observar la parte perjudicada.

Cuando la conducta del acreedor contribuyó al incumplimiento del contrato como, por ejemplo, cuando le indica al transportista una dirección equivocada,

---

[110] *Vid*. McKendrick: ob. cit., pp. 893-904.

el perjudicado no podrá percibir una indemnización por las pérdidas resultantes de su conducta.

Tampoco podrá el perjudicado que no sea responsable del incumplimiento pero que con su actuación aumentó sus efectos adversos, recuperar el importe de los daños que resulten de pérdidas adicionales (Principios de Unidroit, artículo 7.4.7 y PDEC, artículo 9:504). El Comentario Oficial al artículo 9:504 de los Principios del Derecho Europeo de los Contratos incluye el siguiente ejemplo que ilustra lo que son pérdidas imputables a la parte perjudicada por haber contribuido a las pérdidas derivadas del incumplimiento: "A" toma en alquiler un ordenador que, conforme al contrato, es adecuado y se encuentra listo para su uso en Inglaterra, donde el voltaje es de 220v. El ordenador que se le suministra puede operar en diferentes niveles de voltaje e, incumpliendo el contrato, se encuentra fijado a 110v. En la pantalla del ordenador se encuentra pegado un cartel muy evidente que advierte de la necesidad de comprobar el voltaje antes de usar el ordenador. "A" no hace caso de esta advertencia y enciende el ordenador sin comprobar el voltaje. El ordenador sufre importantes daños cuya reparación supone a "A" un importe de 1.500 £. El tribunal puede adoptar la postura de que, al menos, la mitad de la culpa es de "A" y concederle únicamente una indemnización de 750 £.

Se trata en ambos casos de pérdidas imputables a la parte perjudicada por haber dado lugar o favorecido el incumplimiento o contribuido con su conducta a las pérdidas derivadas de dicho incumplimiento (concurrencia de culpas o *contributory negligence*)[111].

En cambio, cuando el acreedor perjudicado no actúa adecuadamente para mitigar los daños o reducir las pérdidas (como, por ejemplo, cuando no adopta medidas adecuadas de conservación, de reparación o no celebra oportunamente y en condiciones razonables una operación de reemplazo), no podrá percibir

---

[111] Véase: Principios de Unidroit. Comentario Oficial Nº 4 al artículo 7.4.7, ob. cit. (***Unidroit Principles of International Commerciale Contracts***), p. 277; Principios del Derecho Europeo de los Contratos. Comentario B al artículo 9:504, en: Lando y Beale: ob. cit., (partes I y II), pp. 655-656.

una indemnización por los daños que podrían haberse evitado o mitigado de haber adoptado el perjudicado medidas razonables (Principios de Unidroit, artículo 7.4.8 y PDEC, artículo 9:505). Se trata de la inobservancia del deber de mitigar el daño por no haber actuado adecuadamente para mitigar la pérdida sufrida o reducir su impacto (deber de mitigar o *duty to mitigate*).

En el primer caso, la conducta del acreedor influye en el incumplimiento o contribuye a aumentar sus efectos adversos; en el segundo, su conducta consiste en no haber actuado adecuadamente para reducir las pérdidas o mitigar el daño ya producido. La solución legal es diferente en uno y otro caso. Cuando el acreedor es corresponsable del incumplimiento o concurre con su culpa en la producción del daño, el juzgador disminuirá el monto de la indemnización en la medida en que la conducta del acreedor haya contribuido al incumplimiento o a la producción del daño. En cambio, cuando el acreedor incumple con su deber de mitigar el daño, se excluyen del resarcimiento todas las consecuencias dañinas que la observancia de este deber podía haber evitado.

3. Contenido y régimen del deber de evitar o mitigar el daño

Como se dijo, en Francia, al igual que en la gran mayoría de los países que siguen la orientación del *Code*, no existe una disposición de carácter general que consagre explícitamente el deber de evitar o mitigar el daño. No obstante, la jurisprudencia ha hecho aplicación del principio de mitigación con bastante frecuencia. Por su parte, la doctrina, ante la falta de una disposición legal de alcance general, se ha ocupado de examinar la naturaleza jurídica, fundamento, contenido, alcance y consecuencias de este deber. Asimismo, la doctrina de los países en los cuales la irresarcibilidad del daño evitable tiene un reconocimiento legal expreso también ha examinado los presupuestos, características y efectos del principio de mitigación.

3.1. Concepto

En términos generales, el deber de evitar o mitigar el daño es el deber del sujeto que ha experimentado un daño por un hecho ilícito o por el incumplimiento de un contrato de reaccionar frente al mismo para evitar que el daño se extienda o para atenuar sus consecuencias, sin que por ello tenga el acreedor que exponerse a riesgo innecesarios o incurrir en gastos excesivos[112].

En el campo de la responsabilidad civil contractual, materia esta que nos ocupa aquí, es el deber del acreedor perjudicado por el incumplimiento de un contrato de activarse adoptando las medidas razonables para impedir la propagación de las consecuencias dañosas del incumplimiento o disminuir su impacto.

3.2. Naturaleza

El llamado deber de evitar o mitigar el daño es, en realidad, una carga y no una obligación[113]. La doctrina ha diferenciado los deberes entre obligaciones y cargas. Las obligaciones son deberes impuestos a un sujeto para la tutela de un interés ajeno y a quien corresponde un derecho subjetivo y una acción para la ejecución en especie, o en su defecto, el resarcimiento del daño. En cambio, las cargas son deberes impuestos a un sujeto para la tutela de un interés propio, cuya observancia es necesaria si se quiere alcanzar un determinado resultado y cuya inobservancia provoca la pérdida del resultado mismo[114].

La principal diferencia entre una obligación y una carga radica en el sujeto, cuyo interés es protegido mediante la realización de una u otra. En la obligación, el sujeto cuyo interés se protege es un tercero, mientras que la carga

---

[112] Poco más o menos en el mismo sentido, véase: Hanotiau: ob. cit., p. 394; Ortscheidt: ob. cit., pp. 127-128; Gandarillas Serani: ob. cit., p. 433.

[113] La doctrina es conteste al respecto, por todos, véase: Kruithof: ob. cit., p. 22; Rossello, Carlo: *Il danno evitabile. La misura della responsabilità fra diligenza ed efficienza.* Cedam. Padova, 1990, pp. 40 y ss.; Soler Presas: ob. cit. (**La valoración del daño en el contrato de compraventa**), p. 64.

[114] *Cfr.*, Donati, Antígono: **Los seguros privados. Manual de Derecho.** Traducción castellana. Librería Bosch. Barcelona, 1960, pp. 280-282. En la doctrina nacional, véase: Morles Hernández, Alfredo: **Derecho de Seguros.** Universidad Católica Andrés Bello. Caracas, 2013, pp. 359-360; Mélich-Orsini: ob. cit. (**Doctrina general del contrato**), p. 315; Landaez Otazo, Leoncio: "Las cargas de salvamento y de aviso en el contrato de seguro". En: **Temas de Seguros**. Editorial Jurídica Alva. Caracas, 1991, p. 140; Aguilar Gorrondona, José Luis: **Derecho Civil. Personas**. Universidad Católica Andrés Bello. Caracas, 1984, p. 55.

implica la protección de un interés propio, de donde deriva el carácter incoercible de esta[115].

Cuando hay una obligación, el vínculo se establece en pro de un interés ajeno. Por ello, en caso de incumplimiento de una obligación, surge una responsabilidad frente a la otra parte. En cambio, cuando hay una carga, el vínculo se impone en pro de un interés propio. De ahí que cuando quien tiene la carga no la observa, no incurre en responsabilidad frente a la otra parte, sino que se perjudica a sí mismo privándose de un beneficio. Por eso se dice que la carga es un imperativo del propio interés. Por ejemplo, quien se compromete frente a otro a ejecutar una obra tiene la obligación de ejecutarla porque el vínculo se establece en interés del dueño o comitente. En cambio, el demandante que tiene que probar los hechos que alega, no tiene la obligación de probarlos, sino la carga de la prueba, ya que con esta no satisface más que su propio interés de triunfar en el juicio, para lo cual es necesario que produzca esa prueba.

La obligación supone que el sujeto pasivo de la relación obligatoria pueda ser constreñido a cumplirla, con el consiguiente resarcimiento para el caso de incumplimiento. La carga, en cambio, es incoercible. La parte sobre la cual pesa no puede ser constreñida a observarla ni a resarcir a la contraparte en caso de inobservancia. La única consecuencia que se sigue de la inobservancia de la carga es que la parte que tiene la carga se ve privada de un beneficio a que tiene derecho.

El incumplimiento de una obligación compromete la responsabilidad del deudor, lo que produce una serie de consecuencias jurídicas. Si el deudor no cumple la obligación, el acreedor es titular de una facultad que le permite reclamar judicialmente la realización de la conducta debida. La facultad de exigir la prestación va acompañada del poder de agresión que tiene el acreedor sobre los bienes del deudor, los cuales quedan sujetos al cumplimiento de la obligación pudiendo el acreedor trabar ejecución sobre ellos[116].

---

[115] *Cfr.*, Cabanillas Sánchez, Antonio: **Las Cargas del Acreedor en el Derecho Civil y Mercantil**. Editorial Montecorvo. Madrid, 1988, pp. 47-50.

[116] *Cfr.*, Palermo, Antonio: *"Onere"*. En: ***Novissimo Digesto Italiano***. Vol. XI. Unione Tipografico-Editrice Torinese. Antonio Azara y Ernesto Eula, directores. Torino, 1959, p. 916.

El acreedor tiene el derecho de exigirle al deudor que satisfaga su interés en especie, o sea, a que se realice la prestación que se pactó; o por equivalente, es decir, recibiendo una prestación compensatoria destinada a resarcir o compensar al acreedor del no cumplimiento en especie de la obligación. Además, el acreedor puede pedir la indemnización de los daños y perjuicios que el incumplimiento le ha causado conforme a las reglas que gobiernan la responsabilidad civil contractual.

Es evidente que estas consecuencias relativas a la exigibilidad de la obligación y las consecuencias derivadas de su incumplimiento no pueden predicarse respecto de la inobservancia de la carga, ya que el deudor carece de acción para exigir al acreedor el cumplimiento de la conducta en que consiste la carga y tampoco puede solicitar la indemnización de los daños y perjuicios que derivan de su inobservancia[117].

El deber de mitigar el daño que impone al acreedor perjudicado realizar actos razonables para evitar la propagación de las consecuencias dañosas del incumplimiento y reducir su impacto no es coercible; no puede ser objeto de ejecución forzosa y su inobservancia no faculta a la otra parte a solicitar el resarcimiento de los daños y perjuicios que la inercia de su co-contratante le produzca. En fin, la conducta de mitigación no puede ser coactivamente exigida a la víctima de la inejecución del contrato, ni genera ningún tipo de responsabilidad a cargo de ésta frente al deudor incumpliente.

El incumplimiento de este deber solo determina una limitación del resarcimiento a los daños y perjuicios que no pudieron razonablemente evitarse. Al excluirse de la indemnización, el importe de las pérdidas susceptibles de haber sido evitadas o atenuadas solo se priva al acreedor perjudicado de un beneficio en el sentido de que si no observa la carga de mitigar el daño que pesa sobre él, no podrá ya obtener una ventaja que normalmente habría podido aprovechar[118].

---

[117] *Cfr.*, Palermo, Antonio: *"Obbligo giuridico"*. En: **Novissimo Digesto Italiano**. Vol. XI. Unione Tipografico-Editrice Torinese. Antonio Azara y Ernesto Eula, directores. Torino, 1959, p. 704.

[118] *Cfr.*, Criscuoli: ob. cit., pp. 562-563; Rosello: ob. cit. (**Il danno evitabile. La misura della responsabilità tra diligenza ed efficienza**), pp. 40 y ss.; San Martín Neira: ob. cit., pp. 312-313.

De lo anterior resulta que el deber de evitar o mitigar el daño no constituye una obligación en sentido estricto, sino una carga o deber de cumplimiento jurídicamente inexigible y cuyo incumplimiento únicamente precluye el resarcimiento de las consecuencias dañosas que la observación del deber podía haber evitado.

3.3. Contenido

La doctrina extranjera señala que el deber de evitar o mitigar el daño comprende, en realidad, dos deberes: un deber de evitar la verificación de un daño que aún no se ha producido y un deber de mitigar un daño que ya se ha producido[119].

El "deber de evitar el daño" impone al perjudicado una actuación meramente negativa que consiste en no agravar el daño con el propio comportamiento; "el deber de mitigar el daño", en cambio, exige del acreedor perjudicado una intervención activa dirigida a atenuar las consecuencias dañosas provocadas por el incumplimiento. El primero de estos deberes, se afirma, guarda relación con los daños y perjuicios que aún no se han producido e impone al acreedor perjudicado una conducta negativa que se observa con la inercia; el segundo, está referido a los daños y perjuicios ya producidos e impone a la víctima una conducta positiva que se viola con la inercia[120].

En ambos casos, deben encontrarse reunidos los requisitos de la responsabilidad, por lo que tiene que existir la certeza de que el daño ya se produjo o se va a producir. En la evitación, el acreedor perjudicado debe abstenerse de realizar actuaciones que agraven las consecuencias del daño; en la mitigación, la actuación del acreedor perjudicado está dirigida a aminorar el daño limitando las consecuencias negativas del incumplimiento[121].

---

[119] Al respecto, véase: Criscuoli: ob. cit., pp. 560 y ss.; Soler Presas: ob. cit. (**La valoración del daño en el contrato de compraventa**), p. 64; Fuentes Guínez: ob. cit. ("El deber de evitar o mitigar el daño"), p. 226.

[120] Criscuoli: ob. cit., p. 560.

[121] Según un sector de la doctrina, no puede afirmarse que en la evitación basta la mera inactividad para dar por cumplido el deber, y únicamente en la mitigación se requiere una actuación positiva. En ambos casos será exigible casi siempre una actividad de

La doctrina italiana trae algunos ejemplos ilustrativos: si una persona vende una viga defectuosa debe responder no solo del valor de la viga, sino también del daño producido al edificio destruido por causa de la viga defectuosa. Pero si con el empleo de la diligencia ordinaria se pudiese conocer el defecto de la viga y ser evitada su utilización en la edificación, el daño posterior consistente en la ruina del edificio no sería resarcible (deber de evitar el daño). El daño posterior sería imputable al acreedor perjudicado y solo una consecuencia indirecta del hecho del sujeto responsable.

Un médico en una intervención quirúrgica mal practicada a un paciente le causa una lesión anatómico-funcional en el oído que le hace perder gran parte de su capacidad auditiva lo que repercute gravemente en su capacidad para trabajar, pero este daño puede reducirse con la ordinaria diligencia, por ejemplo, usando la víctima un aparato de prótesis acústico. Se produce aquí por culpa de una persona un daño que puede reducirse por el paciente con la ordinaria diligencia (deber de mitigar el daño). El daño en su totalidad ha sido causado por el sujeto responsable, pero hay una parte del daño cuyas consecuencias pudieron removerse por la víctima, mediante una actuación positiva. Esa porción del daño que habría podido ser eliminada por el perjudicado no debe ser resarcida por el sujeto responsable[122].

En fin, este deber comprende tanto la evitación del daño como la mitigación del daño. El acreedor perjudicado debe no solo abstenerse de realizar actuaciones que agraven las consecuencias del daño, sino que debe actuar positivamente para impedir la extensión del daño o disminuir su impacto. Tal y como lo dejó establecido la Corte Suprema de Justicia de Colombia "ante la

---

parte del afectado, no bastando su mera abstención, y los ejemplos que se dan para explicar el contenido de este deber así lo confirman. Al respecto véase: Rossello: ob. cit. ("*Il danno evitabile con l'ordinaria diligenza*"), p. 61; Fuentes Guínez: ob. cit. (**La extensión del daño contractual**), p. 234. Por lo cual, se afirma, este deber impone al acreedor del resarcimiento una carga de mitigación de las consecuencias del daño ya manifestado y evitación de la propagación de sus efectos ulteriores. Véase: Soler Presas: ob. cit. ("Comentario al artículo 77"), p. 625.

[122] Los ejemplos que se incluyen en el texto son tomados de: De Cupis: ob. cit., pp. 285-286.

ocurrencia de un daño, quien lo padece (…) debe procurar de serle posible (…) desplegar las conductas que, siendo razonables, tiendan a que la intensidad del daño no se incremente o, incluso, a minimizar sus efectos perjudiciales"[123].

La doctrina extranjera señala algunas medidas de evitación o mitigación del daño que requieren del acreedor perjudicado un comportamiento activo dirigido a aminorar las consecuencias del incumplimiento, tales como la celebración de un contrato de reemplazo, la aceptación de una prestación inexacta o incompleta[124], la reutilización de los bienes y servicios de la parte incumplidora del

---

[123] Extracto de la sentencia de la Corte Suprema de Justicia de Colombia de fecha 16 de febrero de 2010, citada y transcrita en Jaramillo: ob. cit., p. 185.

[124] La doctrina extranjera incluye entre las medidas mitigadoras del daño exigibles al acreedor perjudicado, la aceptación de una prestación inexacta o incompleta. Así, en la doctrina italiana, Bianca: ob. cit. (***Diritto Civile…***), pp. 166-167, señala que si bien el acreedor puede perfectamente rechazar el cumplimiento parcial o inexacto que le ofrezca el deudor. Esta prerrogativa debe ser coordinada con el deber que se le impone de evitar el daño, y la aceptación de la prestación inexacta o incompleta puede revelarse como la actuación adecuada para limitar el perjuicio. En el mismo sentido, en la doctrina española, Soler Presas: ob. cit. ("Comentario al artículo 77"), p. 625, afirma: "puede resultar conveniente y exigible que el acreedor, en cumplimiento del deber de mitigación que le incumbe, acepte proposiciones abusivas del deudor, como puede ser la modificación de los términos contractuales". Como se dijo, la jurisprudencia española registra un caso emblemático, conocido como el caso RENFE, de daños y perjuicios contractuales evitables por el acreedor de haber este aceptado la modificación de las condiciones del contrato, que fue resuelto por el Tribunal Supremo de Justicia español, y al cual nos referimos en su oportunidad (*supra*, N° 1.9). Por lo que al Derecho venezolano concierne, no podría imponerse al acreedor, sin su consentimiento, la aceptación de una oferta de cumplimiento que modifique los términos de lo convenido, so pretexto de minimizar el daño. El contrato es ley entre las partes (Código Civil, artículo 1160) y las obligaciones deben cumplirse exactamente como han sido contraídas (artículo 1264). El acreedor, por tanto, tendría que haber consentido en los nuevos términos de la contratación, propuestos por el deudor, aunque se trate de una modificación transitoria de la prestación con el objeto de aminorar el perjuicio al deudor. No puede el deudor imponerle al acreedor unilateralmente una revisión del contrato o nuevas obligaciones. Solo en la contratación administrativa la doctrina y la jurisprudencia nacionales admiten la inclusión de las llamadas "cláusulas exorbitantes" que le dan a la Administración contratante derechos no contemplados por el Derecho común, incluyendo el *ius variandi*. Pero esta posibilidad no está contemplada para los contratos de Derecho privado.

contrato, el traslado de bienes a otro lugar, la adquisición de otro proveedor de repuestos que reemplacen las piezas dañadas, la reparación de la cosa, el aviso del daño, los cuidados médicos, el pago de los gastos asumidos por transporte y almacenamiento de una mercancía no recibida por el comprador, el ejercicio de acciones legales, etc.[125].

---

[125] *Vid.* Bianca: ob. cit. (***Diritto Civile***, Vol. I), pp. 162-167. La jurisprudencia extranjera, por su parte, registra algunos casos interesantes en donde también se ha requerido un comportamiento activo del acreedor perjudicado dirigido a aminorar las consecuencias dañosas del incumplimiento, siempre y cuando ello no signifique para él incurrir en gastos excesivos o exponerse a riesgos. Así, por lo que respecta a la celebración de un contrato de reemplazo, la Casación italiana, mediante sentencia del 12 de octubre de 1967, sostuvo: "... si teniendo en cuenta las circunstancias de hecho, el procurarse de otro modo el bien o el servicio no cumplido por el deudor constituye una medida requerida por la ordinaria diligencia, para evitar o contener el daño, la parte que haya descuidado la adopción de tal medida no puede escapar a las consecuencias previstas por la ley". Asimismo, mediante sentencia del 13 de mayo de 1968, la Casación italiana decidió "... no procurarse en el mercado las mercaderías no entregadas por el vendedor infringe la carga de mitigar el daño, cuando acudir al mercado sea un procedimiento sencillo en atención a las circunstancias". Sin embargo, en sentencia del 06 de agosto de 1983, la Casación italiana sostuvo exactamente la posición contraria que "... el acreedor no está obligado, en caso de incumplimiento del deudor, a conseguir *aliunde* la prestación misma; no puede ser considerado culposo o, en todo caso, no diligente el comportamiento del comprador que omita adquirir de otro la mercadería que el vendedor estaba obligado a entregarle en virtud del contrato". En un caso de daños causados a un taller mecánico por el sacudimiento de las columnas de los pisos superiores del edificio, situación ésta que configuraba un peligro inminente de ruina, en conocimiento como estaba el afectado del riesgo que corrían sus maquinarias, la Casación italiana, mediante sentencia del 07 de abril de 1983, decidió que no podría este reclamar la indemnización por los perjuicios posteriores sufridos por las maquinarias que pudo haber trasladado oportunamente a otro lugar. En otro caso, una empresa encargada de construir un puente tuvo que modificar el proyecto original (incurriendo en una serie de costos adicionales) para poder evitar el daño que le generaría la construcción del puente en las condiciones originalmente pactadas, debido a que las aguas del río sobre el cual se levantaría el puente habían sido contaminadas por sustancias corrosivas arrojadas por otra empresa. La Casación italiana, mediante sentencia del 12 de abril de 1980, determinó que la decisión adoptada por la empresa constructora había sido acertada y, con base en un análisis de costo-beneficio, obligó a la empresa contaminadora a correr con los mayores costos y gastos asociados a la modificación del proyecto, por cuanto el daño representado por el incumplimiento o por la construcción

En todo caso, no es posible efectuar una enumeración taxativa de las medidas que deben adoptarse para evitar o mitigar el daño. Todo dependerá de las circunstancias particulares de cada supuesto.

3.4. Criterios de apreciación de la conducta del perjudicado

En lo concerniente a la manera o modo de apreciar el comportamiento impuesto al acreedor perjudicado para evitar o mitigar el daño, en algunos ordenamientos se sigue el criterio de la "razonabilidad": la víctima del incumplimiento en la evitación del daño debe adecuar su conducta al estándar objetivo de la razonabilidad. Por tanto, la carga de mitigar las pérdidas exige al acreedor adoptar aquellas medidas que sean razonables según las circunstancias para atenuar el impacto del daño y evitar la propagación de sus consecuencias. Es el patrón seguido por el *Common Law* y adoptado en los Principios de Unidroit y en los Principios del Derecho Europeo de los Contratos (*supra*, Nos 2.1.2 y 2.1.3).

En el Derecho italiano, en cambio, se ha adoptado el estándar de la "diligencia ordinaria": el resarcimiento no se debe por el daño que el acreedor habría podido evitar empleando la diligencia ordinaria, siendo de advertir que esta pauta no siempre coincide con el criterio de la razonabilidad[126]. No siempre, se afirma, lo que es "ordinario" es también razonable. El criterio inglés de la razonabilidad es neutro. Lo que es razonable en un caso puede no serlo en otro. La razonabilidad puede ser más o menos exigente según los casos. Ella no

---

del puente conforme a lo originalmente proyectado habría sido mucho mayor. También ha resuelto la Casación italiana, mediante sentencia del 18 de febrero de 1980, que el trabajador despedido sin justa causa debe procurar encontrar un trabajo nuevo en el mercado para reducir el perjuicio sufrido por el despido y, si no lo hace, debe detraerse del resarcimiento correspondiente al trabajador lo que pudo ganar en otro empleo usando una diligencia normal. Del mismo modo se ha decidido que en un contrato de construcción forma parte de la diligencia razonable que el dueño de la obra, ante problemas surgidos por vicios de la obra, tome él mismo medidas para mitigar su daño, sin esperar que intervenga el constructor, con riesgo de agravar el daño en el intermedio. Véase: Visintini: ob. cit. (***Trattato breve della responsabilità civile***...), pp. 696-699, especialmente, las notas 179-184 y la jurisprudencia de la Casación italiana allí citada.

[126] Criscuoli: ob. cit., pp. 587-588; Jaramillo: ob. cit., p. 181, especialmente, la nota 113.

conoce solo un modelo de referencia, sino varios según la naturaleza de la actividad. Se deja a la conciencia del juez determinar su variación en el tiempo y su valoración según las circunstancias del caso concreto[127]. El criterio de la ordinaria diligencia adoptado por el *Codice*, en cambio, está determinado por un estándar de responsabilidad fijado *a priori* que vincula al juez[128].

Por lo que al Derecho venezolano concierne, a falta de disposición expresa pensamos que el acreedor está llamado a la adopción de medidas mitigadoras útiles y razonablemente exigibles, atendiendo al modelo del *bonus pater familiae*[129]. Para determinar cuál es la conducta que se le impone al acreedor perjudicado, se compara su comportamiento con el que habría observado un buen padre de familia, esto es, deberá actuar tal y como lo haría una persona normalmente cuidadosa y diligente colocada en las mismas circunstancias en que se encontraba el perjudicado al momento de limitar la amplitud del daño. Además, a la hora de valorar los esfuerzos de mitigación adelantados por la víctima del incumplimiento, el juez deberá tomar en cuenta las circunstancias particulares del caso, el sentido común y la buena fe. El juez deberá evaluar las circunstancias del mercado al momento del incumplimiento y al momento en el que la víctima debe tomar las medidas mitigadoras, las circunstancias que rodean la situación de la propia víctima y su conducta a la hora de tomar

---

[127] *Cfr.*, Viney, Geneviève y Jourdain, Patrice: *"Les Conditions de la Responsabilité"*. En: Ghestin, Jacques: **Traité de Droit Civil. (Les Obligations)**. Tome v. L.G.D.J. París, 2001, pp. 402-403; Reifegerste: ob. cit., p. 189.

[128] En lo que sí están de acuerdo los juristas ingleses e italianos es en reconocer que en sus respectivos ordenamientos, las condiciones de "razonabilidad" y de "diligencia ordinaria" son índices de comportamiento no solo mínimos, sino también máximos, de modo que si bien se exige al perjudicado que no actúe en menor medida que la impuesta por el patrón de referencia, tampoco se le impone una conducta que vaya más allá de esos límites. En tal sentido, Schitmoff citado en Criscuoli: ob. cit., pp. 587-588, afirma: "el demandante solo está obligado a hacer lo razonable para mitigar daño, no todo lo que sea posible". De Cupis: ob. cit., p. 283, por su parte expresa que "más allá de la ordinaria diligencia ninguna carga de reducción del daño pesa sobre el sujeto perjudicado". Poco más o menos en el mismo sentido: Bianca: ob. cit. (**Diritto Civile**, Vol. I), p. 161, especialmente, la nota 126.

[129] En el mismo sentido, refiriéndose al Derecho chileno, véase: Fuentes Guínez: ob. cit. ("El deber de evitar o mitigar el daño"), p. 227; San Martín Neira: ob. cit., p. 384.

tales medidas, para poder establecer si desarrolló la debida diligencia en la observancia de su carga de mitigación[130].

Como se dijo, los esfuerzos de mitigación deben medirse con flexibilidad. No se debe ser riguroso en la conducta impuesta al acreedor, porque debe tenerse siempre en cuenta que él es la víctima del incumplimiento[131].

La doctrina y la jurisprudencia extranjeras señalan algunas reglas que sirven de criterios orientadores para valorar la conducta del perjudicado al momento de mitigar el daño. En tal sentido, se afirma que el perjudicado: i. no está llamado a someter a riesgos excesivos su capital; ii. no está llamado a arriesgar excesivamente su persona en manos de cirujanos; iii. no necesita asumir el riesgo de un litigio incierto contra un tercero; iv. no necesita destruir o sacrificar sus propios bienes o derechos; v. no se le exige tampoco que tenga consideración frente a las personas que le han irrogado el daño, particularmente en lo referente a intentar su resarcimiento; vi. no está llamado a perjudicar su reputación comercial; vii. no necesita perjudicar a personas inocentes; viii. no debe resultar perjudicado por su incapacidad financiera por el hecho de cumplir con las labores de mitigación[132].

---

[130] Al respecto, haciendo alusión al Derecho colombiano, véase: Troncoso: ob. cit., p. 375.

[131] *Cfr.*, Fuentes Guínez: ob. cit. ("El deber de evitar o mitigar el daño"), p. 227.

[132] McGregor: ob. cit., pp. 169 y ss. En el mismo sentido en la doctrina italiana, Criscuoli: ob. cit., pp. 589 y ss., enumera los siguientes principios que deben tomarse en consideración para fijar los justos límites del deber de mitigación: a) el perjudicado no debe colocar en riesgo su propia vida sometiéndose a una intervención quirúrgica objetivamente peligrosa; b) el perjudicado no debe sacrificar su reputación moral o comercial; c) el perjudicado no debe adoptar comportamientos que puedan dañar a terceras personas; d) el perjudicado no está llamado a mitigar el daño sufrido si su condición económica no se lo permite; e) el perjudicado no está llamado a afrontar litigios complicados y riesgosos; f) el perjudicado no debe someter a riesgos excesivos su propio capital. Por su parte, Rossello expresa que el comportamiento impuesto al acreedor perjudicado viene fijado por la ordinaria, pero no la extraordinaria diligencia, en el sentido de que la actividad que desarrolle para evitar el daño no se traduzca en una carga gravosa o extraordinaria que le signifique riesgos considerables o grandes sacrificios (Rossello, Carlo: *"Sull'onere del creditore di ridurre le conseguenze dell'inadempimento"*. En: *Rivista Trimestrale di Diritto e Procedura Civile*. Año XXXVII. Nº 3. Giuffrè Editore. Tito Carnacini, director. Milano, 1983, p. 1165).

Desde luego, las reglas anteriores solo sirven como guía ya que no hay que olvidar que, en última instancia, la razonabilidad de la medida solo se podrá determinar atendiendo a las circunstancias concretas del caso.

3.5. *Efectos*

La aplicación del deber de mitigar el daño produce las siguientes consecuencias en la extensión de la indemnización:

i. Excluye el resarcimiento de los daños que pudieron haberse evitado[133]. La indemnización, por tanto, se limita al importe de los daños no susceptibles de haber sido razonablemente evitados[134]. Si el acreedor perjudicado no evitó la propagación de las consecuencias del daño pudiendo hacerlo actuando razonablemente o como un buen padre de familia, o no atenuó sus efectos de acuerdo con las circunstancias, el deudor incumpliente no estará obligado a resarcir la totalidad del daño experimentado por aquel, sino que procederá una reducción en el *quantum respondeatur*, excluyéndose del mismo el monto de los daños que pudieron evitarse o mitigarse.

El deudor del resarcimiento, por tanto, tendrá derecho a una reducción de los daños y perjuicios indemnizables en un monto equivalente a aquel en que en cumplimiento de la carga mitigadora, el perjudicado podía haberlos evitado o reducido y no lo hizo efectivamente. El daño no evitado por la víctima pudiendo haberlo sido no se considera indemnizable. Quedan, pues, excluidos del resarcimiento los daños y perjuicios que pudieron haberse evitado conforme a los criterios antes examinados. Por supuesto, los daños efectivamente evitados quedan igualmente excluidos del resarcimiento.

ii. Impone el resarcimiento del costo razonable de las medidas mitigadoras adoptadas por el acreedor perjudicado[135]. Comoquiera que adoptar medidas

---

[133] *Cfr.*, Kruithof: ob. cit., p. 21.

[134] *Cfr.*, San Martín Neira: ob. cit., p. 392; Soler Presas: ob. cit. ("Comentario al artículo 77"), p. 628; Soler Presas: ob. cit. (**La valoración del daño en el contrato de compraventa**), p. 72.

[135] *Cfr.*, Kruithof: ob. cit., pp. 46-49.

para contener el daño frecuentemente conlleva gastos, no es justo que el acreedor perjudicado los soporte, sino que dentro de las partidas a indemnizarse se incluya el costo de dichas medidas[136]. Por consiguiente, si este incurre en erogaciones para evitar o mitigar el daño, tendrá derecho a su reembolso. Se trata, en definitiva, de gastos derivados del incumplimiento y, por tanto, deben incluirse en el *quantum respondeatur*. Por ejemplo, los gastos incurridos para celebrar un contrato de reemplazo, subsanar defectos o restituir las mercaderías deben serle reembolsados al acreedor.

Desde luego, el acreedor perjudicado no puede limitar la amplitud del daño a cualquier costo. Su actuación estará limitada por un criterio de razonabilidad[137]. Ahora bien, determinar qué es lo razonable en cada caso concreto es, en definitiva, una cuestión de hecho reservada al poder de apreciación de los jueces de instancia y que escapa a la censura de casación. Evidentemente que no se consideran razonables aquellos gastos que impliquen una carga excesiva o un despilfarro[138]. El perjudicado tiene, pues, derecho a recuperar los gastos razonables en que incurra para reducir las pérdidas.

Conviene tener en cuenta, por último, que el acreedor tendrá derecho a este reembolso aunque las medidas adoptadas para evitar o mitigar el daño hayan resultado, en definitiva, infructuosas, y el daño se haya agravado, siempre y cuando, de acuerdo con las circunstancias consideradas al momento de su adopción, dichas medidas parecían razonables[139]. No parece justo que el acreedor del resarcimiento que haya incurrido en un error excusable en la elección de la medida más oportuna y adecuada para impedir la extensión del perjuicio, deba soportar las consecuencias de su error, a instancias del deudor incumpliente cuando *ex ante* su elección parecía razonable. Por consiguiente, el acreedor tiene derecho a recuperar todos los gastos razonables que perseguían

---

[136] *Cfr.*, Domínguez Águila: ob. cit., p. 95.

[137] *Cfr.*, Hanotiau: ob. cit., p. 403; Ortscheidt: ob. cit., p. 170.

[138] *Cfr.*, Adame Goddard: ob. cit., pp. 112 y ss.

[139] *Cfr.*, Dobbs: ob. cit., p. 187; Criscuoli: ob. cit., pp. 589 y ss.; Soler Presas: ob. cit. ("Comentario al artículo 77"), p. 627.

la evitación del daño, independientemente de que sus esfuerzos de mitigación hayan tenido éxito o no en la contención del daño[140].

3.6 Carga de la prueba

Como el daño evitable opera como una excepción en sentido sustancial, su prueba corresponde a quien resulte obligado al resarcimiento (*reus in excipiendi fit actor*). Por consiguiente, el demandado por la indemnización de los daños y perjuicios tendrá la carga de demostrar la inobservancia del deber de mitigación por parte del acreedor perjudicado[141]. A tales efectos, deberá indicar las medidas que la víctima del incumplimiento habría podido adoptar y no adoptó o, en su caso, que las medidas adoptadas para mitigar el daño no fueron razonables y que había otras a su disposición, demostrando cuáles eran estas. Por ejemplo, si el vendedor alega que el comprador pagó un precio demasiado alto por las mercancías de reemplazo, deberá acreditar que este podía haberlas adquirido por un precio menor.

4. El deber de evitar o mitigar el daño en el Derecho venezolano

Tal y como ocurre en el Derecho francés, no existe en el Derecho venezolano una disposición de alcance general que consagre explícitamente el principio de la no resarcibilidad del daño evitable por el acreedor. En el Código Civil no encontramos una norma que le imponga al acreedor perjudicado por el incumplimiento de un contrato el deber expreso de actuar con el fin de contener el daño y evitar que la inejecución le siga causando perjuicios. Sin embargo, como se indica más adelante, esto no quiere decir que su reconocimiento sea incompatible con los principios que gobiernan el cumplimiento de las obligaciones en nuestro sistema jurídico

---

[140] *Cfr.*, Kruithof: ob. cit., pp. 46-49. Es la regla que consagran los artículos 7.4.8 de los Principios de Unidroit y 9:505 de los PDEC (*supra*, N° 2.2.7).

[141] *Cfr.*, Soler Presas: ob. cit. ("Comentario al artículo 77"), p. 627; Troncoso: ob. cit., p. 378.

4.1. Doctrina y jurisprudencia

Ni la doctrina, ni la jurisprudencia nacional han sido especialmente prolíficas en cuanto al deber del acreedor perjudicado de evitar o mitigar el daño proveniente del incumplimiento de un contrato. No obstante, la escasa doctrina referente al tema admite, con diversa fundamentación, la existencia de este deber.

Así, el profesor Kummerow, siguiendo de cerca a Gatica Pacheco, trata al deber de evitar o mitigar el daño como un supuesto de conculpabilidad del acreedor al referirse a la interrupción de la cadena causal y a los daños a cuya causación ha contribuido el acreedor.

En criterio de Kummerow, la conculpabilidad puede tener lugar tanto en forma coetánea con el origen del daño cuando el acreedor contribuye a su causación inicial, o, posteriormente, mediante la agravación del daño ya producido, es decir, cuando el acreedor no emplea la ordinaria diligencia para impedir la propagación del daño. En tal sentido expresa:

> La concurrencia del hecho culposo del acreedor afecta en diversos grados el proceso causal y llega hasta neutralizarlo por completo. La conculpabilidad, en esta forma, puede ocurrir tanto en el nacimiento de la obligación de reparar (cuando el acreedor haya contribuido al desencadenamiento del evento productor del perjuicio), como en el desarrollo normal del proceso lesivo (al omitir el acreedor las precauciones aconsejables para aminorar el daño). Apuntando a un criterio subjetivo, el acreedor quedaría obligado a emplear la ordinaria diligencia para impedir que el acto antijurídico (incumplimiento) se desenvuelva de un modo más perjudicial.
>
> La actividad del acreedor –de acuerdo al orden anterior de ideas–, encaminada a evitar el daño en una magnitud superior a la normalmente previsible, se transformaría en un deber jurídico a su cargo en la medida en que una actitud diversa pueda convertirse en el presupuesto del no resarcimiento del mayor daño experimentado. Únicamente a través de este procedimiento se comprende que la culpa interfiera en la relación creadora de la sanción dirigida contra el patrimonio del incumpliente, excluyéndose la reparación de

los perjuicios que no deriven de la inejecución del contrato sin el concurso de nuevas causas[142].

Por su parte, el profesor Mélich-Orsini, aunque no se refiere expresamente al deber de evitar o mitigar el daño, cuando examina la relación de causalidad como elemento de la responsabilidad civil, al comentar el artículo 1275 del Código Civil refiriéndose al daño indirecto, sigue el criterio de Henri Mazeaud y Henri De Page y señala que la expresión daño directo es equivalente a *daño necesario*. Cuando un daño engendra nuevos daños, se pregunta Mélich-Orsini, si la persona responsable del daño inicial debe responder por los daños sucesivos. Luego de traer a colación el famoso ejemplo de Pothier (la venta de una vaca enferma que contagia a las demás vacas del comprador que mueren; el comprador deja de cultivar sus tierras y no teniendo ya recursos para pagar a sus acreedores, estos embargan sus tierras y las venden a vil precio), concluye que el vendedor solo debe responder del daño que sea consecuencia cierta y necesaria de su falta, pero no de los demás que tienen el carácter de daños indirectos (el no cultivo de las tierras y su remate a vil precio). Este ejemplo de Pothier, concluye el profesor Mélich-Orsini, pone de manifiesto que:

> … el problema del daño indirecto es solo un aspecto particular del problema de la pluralidad de causas. Debe, pues, resolverse a partir de los mismos principios anteriormente expuestos. Todo se reduce en última instancia a la cuestión de la certeza del nexo causal entre el daño que se reclama y la conducta culposa del demandado[143].

---

[142] Kummerow: ob. cit. ("Esquema del daño contractual…"), pp. 330-331.

[143] Mélich-Orsini, José: **La responsabilidad civil por hechos ilícitos**. Academia de Ciencias Políticas y Sociales. Caracas, 2006, pp. 143-145. Si bien Mélich-Orsini trata el problema de la relación de causalidad al examinar la responsabilidad por hecho ilícito, las consideraciones que hace sobre el daño indirecto son plenamente aplicables a los daños y perjuicios derivados del incumplimiento de una obligación contractual, tanto más cuanto que el ejemplo de Pothier que invoca para fundamentar su posición respecto al daño indirecto, es uno referente a la esfera contractual.

El profesor Lagrange, en sus clases de Obligaciones, en la Universidad Central de Venezuela, al referirse a la liquidación del daño explicaba que si el acreedor había agravado, con su actuación u omisión culposa el daño, la indemnización a cargo del deudor incumplidor debía reducirse:

> [Cuando] la negligencia del acreedor agravó el daño (…) la medida del resarcimiento se reducirá. Por ejemplo, cuando el acreedor se ha abstenido culposamente de hacer algo para evitar la magnitud del daño. Él podía hacer algo para impedir que el daño continuara agravándose y no lo hizo; o en positivo, el acreedor hizo algo que ha agravado el daño[144].

Los profesores Annicchiarico Villagrán y Madrid Martínez, por su parte, fundamentan la carga del acreedor de minimizar los daños en la buena fe que rige la ejecución de los contratos. En tal sentido afirman:

> No existe en nuestro Derecho norma alguna que establezca una carga semejante. Mas la buena fe que acompaña la fase de ejecución contractual arroparía esta carga[145].

Por último, en la doctrina nacional, el profesor Annicchiarico Villagrán, en un reciente trabajo que enriquece la escasa bibliografía nacional sobre la materia y que tuvo la amabilidad de enviarnos después de que habíamos presentado el presente trabajo en el "Congreso sobre las Nuevas Tendencias en el Derecho de los Contratos", celebrado en Caracas durante los días 07 y 08 de mayo de 2015, fundamenta el deber de mitigar el daño en el principio de la buena fe que preside la ejecución de los contratos cuando expresa:

---

[144] Extracto de la lección sobre la reparación del daño dictada por el profesor Enrique Lagrange como parte de su curso Derecho Civil III (Obligaciones) en la Universidad Central de Venezuela, que gentilmente nos suministrara su discípula la profesora María Candelaria Domínguez Guillén.

[145] Annicchiarico Villagrán, José y Madrid Martínez, Claudia: "El Derecho de los Contratos en Venezuela: Hacia los Principios Latinoamericanos de Derecho de los Contratos". **En: Derecho de las Obligaciones. Homenaje a José Mélich-Orsini.** Academia de Ciencias Políticas y Sociales - Asociación Venezolana de Derecho Privado - Universidad Central de Venezuela. Claudia Madrid Martínez, coord. Caracas, 2012, p. 101.

… pareciera una norma de buen sentido en ejecución del contrato, como patrón de conducta, según el cual, las personas deben proceder de forma leal y honesta en sus tratos con los demás, y en el deber de las partes de cooperar con lealtad entre ellas a los fines de asegurarse el logro de sus expectativas legítimas, el que el acreedor esté obligado a mitigar y evitar aquellos daños producto del incumplimiento que pueden evitarse con una diligencia ordinaria a través de medidas razonables. En este sentido, puede decirse que el artículo 1160 impone al acreedor el deber concreto de gestionar en forma diligente y razonable las consecuencias negativas del incumplimiento[146].

Pero adicionalmente, en criterio de este autor:

… la reducción de la indemnización podría justificarse en la ausencia de causalidad entre el daño mayor y el incumplimiento del deudor, pues si el acreedor estaba situado en la mejor posición de moderar los daños mayores del incumplimiento, tal actuación corresponde un hecho culposo del cual deriva dicho daño y, en consecuencia, la obligación al deber de buena fe por parte del deudor constituye la causa directa del daño mayor[147].

Por tanto, el fundamento del deber de mitigar el daño, en criterio de Annicchiarico Villagrán, podría encontrarse en las exigencias de la buena fe y en el principio de causalidad.

Por su parte, la jurisprudencia de nuestros tribunales registra un caso reciente decidido por el Juzgado Segundo de Primera Instancia Civil, Mercantil, Agrario y Tránsito del Primer Circuito de la Circunscripción Judicial del estado Bolívar, mediante sentencia de fecha 02 de abril de 2012, en el cual el sentenciador en

---

[146] Annicchiarico Villagrán, José: **La carga del acreedor de mitigar los daños del incumplimiento contractual en el Derecho venezolano.** Caracas, 2015, p. 17. Consultado en original. Este trabajo del profesor Annicchiarico Villagrán fue preparado como contribución al Libro Homenaje de la Academia de Ciencias Políticas y Sociales que se publicará con motivo del centenario de la creación de dicha Academia.

[147] Ibíd., pp. 17-18.

su decisión se refirió al deber de mitigar el daño que corresponde al acreedor perjudicado por la conducta del demandado.

Los hechos fueron los siguientes: El actor había comprado un vehículo que alegó presentaba defectos y desperfectos mecánicos y eléctricos. Denunció este hecho ante el Instituto para la Defensa de las Personas en el Acceso a los Bienes y Servicios (INDEPABIS), el cual constató la existencia de los defectos y desperfectos de los cuales adolecía el automóvil. Las partes acordaron por vía de conciliación ante el INDEPABIS la reparación gratuita de los defectos del vehículo por parte de la empresa vendedora. El demandante no entregó el vehículo para su reparación en los términos acordados y demandó solidariamente por ante los tribunales de justicia a la empresa concesionaria vendedora y a la empresa ensambladora por la reposición del vehículo o la devolución de la cantidad pagada a su valor actual, así como por la correspondiente indemnización de los daños y perjuicios.

El tribunal después de constatar que el demandante no había entregado el automóvil defectuoso a la empresa concesionaria vendedora para que ésta procediera a repararlo, condenó alternativamente a las empresas demandadas a reparar gratuitamente el vehículo dentro de los siete días siguientes a su entrega por parte del demandante, o a la reposición del vehículo o a la devolución de la cantidad pagada, todo ello a elección de las demandadas.

Además, en otra parte del fallo, el tribunal desechó algunos rubros del daño indemnizable reclamados por el actor, concretamente, el pago de honorarios profesionales pagados a una abogada para la defensa de los derechos e intereses del demandante por ante el INDEPABIS.

El sentenciador consideró que estos daños no eran indemnizables porque eran daños indirectos no imputables a las demandadas toda vez que para presentar una denuncia por ante el INDEPABIS e intervenir en el procedimiento administrativo correspondiente, la ley no requiere la utilización de abogados que asistan o representen al denunciante; de modo que si el demandante consideró que para la mejor defensa de sus derechos e intereses se hacía necesaria la contratación de una abogada que lo aconsejara o ejerciera su representación, el daño que supuso la erogación de honorarios profesionales cuantiosos obedeció a una pura elección del demandante; por lo cual, el pago de honorarios profesionales que reclamaba el demandante no era una consecuencia necesaria de la conducta de las demandadas, ya que no derivaba de la puesta en circulación del producto defectuoso.

El tribunal, siguiendo el criterio del profesor Mélich-Orsini, acogió en su fallo el significado propio que corresponde a la expresión "daño directo" y declaró:

> La expresión daño directo es equivalente a la de daño necesario y, por consiguiente, el autor de la falta inicial no responde en la cadena de perjuicios, sino de aquellos que son la consecuencia cierta, necesaria de esta falta. Entonces como el pago efectuado a la abogada de la actora no es un daño necesario que pueda ser imputado a la demandada por un nexo causal por cuanto aquel pago no es una consecuencia forzosa de la comercialización de un producto defectuoso ya que el se produjo por una pura elección efectuada por el demandante (…) se desestima la indemnización reclamada por este concepto[148].

Como fundamento de su decisión, el juzgador se refirió a los límites del daño indemnizable "para no agravar al agente del daño con la carga de reparar *ad infinitum* toda especie de daños sufridos por la víctima que según ésta han sido causados por la conducta u omisión de aquel".

En otra parte de la decisión, el tribunal se refirió al deber del acreedor perjudicado de mitigar el daño en virtud del principio de la buena fe, en los siguientes términos:

---

[148] Sentencia del Juzgado Segundo de Primera Instancia Civil, Mercantil, Agrario y Tránsito del Primer Circuito de la Circunscripción Judicial del estado Bolívar de fecha 02 de abril de 2012, disponible en: http://cfr.tsj.gob.ve/decisiones/2012/abril/2177-2-FP02-V-2009-001750-PJ0192012000066.html.

En virtud del principio de buena fe la víctima tiene el deber de mitigar los daños. La buena fe es un principio que orbita alrededor de todos los ámbitos de nuestro ordenamiento positivo. El artículo 1160 del Código Civil lo consagra expresamente como principio que debe observarse en el cumplimiento de los contratos. Los artículos 556, 557, 559, 790, 791, 792, 793, 1179, 1180 y 1183, entre muchos, del Código Civil, el artículo 170 del Código Procesal Civil, son indicadores de que la buena fe es un principio que debe ser observado por las partes y considerado por el juez para aminorar o agravar las consecuencias dañinas de las conductas humanas[149].

Para concluir con base en el principio de la buena fe, que el acreedor perjudicado tiene el deber de mitigar el daño derivado del incumplimiento, el tribunal trajo a colación el siguiente ejemplo:

Si un sujeto ocasiona a otro unas lesiones leves, una herida en un brazo, por ejemplo, que puede ser tratada en cualquier sanatorio local, pero la víctima elige ser tratada en el extranjero, en un centro de salud privado de forma intencional, a cargo de renombrados cirujanos, alojándose mientras dura el tratamiento en un lujoso hotel, contratando un vehículo de lujo y un chofer para su traslado diario al centro de salud, pareciera injusto cargar al agente del daño con la obligación de indemnizar a la víctima por los costos de los pasajes aéreos, impuestos aeroportuarios, gastos de alojamiento, transporte y comida, honorarios médicos, gastos por el uso de la clínica u hospitales privados, etc. En esta hipótesis el juez puede y debe acordar una reducción de la indemnización a cargo del causante de la lesión pues un elemental respeto al principio de buena fe exige que la víctima no se aproveche del perjuicio agravando la responsabilidad del demandado. Ese deber de mitigar los efectos nocivos del daño aparece consagrado en el artículo 40 del Decreto con Fuerza de Ley Orgánica del Contrato de Seguro[150].

De las referencias que trae el fallo sobre el deber de mitigar el daño, pareciera que en Venezuela la jurisprudencia de nuestros tribunales comienza a reconocer

---

[149] Ídem.
[150] Ídem.

la carga de evitar o mitigar el daño que pesa sobre la víctima del incumplimiento, fundamentándola en los requerimientos de la buena fe conforme a la cual deben cumplirse los contratos y en la exigencia del daño directo que trae el artículo 1275 del Código Civil.

4.2. Culpa de la víctima y deber de mitigar el daño

En nuestro ordenamiento, tal como ocurre en la mayoría de los países, la culpa de la víctima o, en su caso, del acreedor es una circunstancia que puede ser eximente o atenuante de responsabilidad civil contractual. Como la culpa de la víctima guarda algunas semejanzas con el deber del perjudicado de evitar o mitigar el daño, conviene diferenciar ambos institutos.

Cuando la víctima contribuye a la generación de su propio daño hay culpa de la víctima en la producción del daño; cuando el comportamiento de la víctima despliega su eficacia en un momento posterior a la producción del daño, agraván-dolo o no atenuando su impacto, entra en juego el principio de mitigación[151]. Por tanto, la diferencia entre la culpa de la víctima y el deber de evitar el daño radica en que mientras la primera se refiere a un comportamiento imputable que contribuye a la generación del propio daño, el deber de evitar el daño consiste en el deber jurídico que sujeta al perjudicado a la necesidad de actuar a fin de evitar la propagación del daño inicial y reducir su impacto[152].

Hay culpa de la víctima cuando la conducta del perjudicado concurre en la producción de la lesión inicial, en cuyo caso la obligación de reparar el daño se reduce en la medida en que el hecho (culposo) de la víctima ha contribuido a causarlo. Es una variante del concurso de varios autores en la producción del hecho lesivo (artículo 1195). Solo que uno de los coautores es el propio perjudicado; por lo cual, este no puede reclamar aquella parte del daño causada por el mismo (artículo 1189). En cambio, el deber de evitar el daño presupone que

---

[151] *Cfr.*, André: ob. cit., pp. 232-234; Visintini: ob. cit. (***Trattato Breve de la Responsabilità Civile…***), p. 692; Sapone, ob. cit., p. 7; De Cupis: ob. cit., pp. 283 y ss.; Domínguez Águila: ob. cit., p. 85. Es el criterio recogido en los Principios de Unidroit y en los PDEC (*supra*, N° 2.2.9).

[152] *Cfr.*, Larenz: ob. cit., p. 223.

el evento dañoso ya se ha producido y es atribuible al agente o al deudor incumpliente; pero hay ciertas consecuencias dañosas que el acreedor perjudicado podía evitar usando la ordinaria diligencia y están, por tanto, excluidas del resarcimiento *ex* artículo 1275 del Código Civil por no ser consecuencia directa e inmediata, esto es, necesaria del incumplimiento (*infra*, N° 4.4.2).

El deber de mitigar el daño no puede tratarse pues como un caso de concurrencia de culpas porque, en esta segunda hipótesis, se requiere que tanto la conducta del acreedor como la del deudor concurran a causar el daño antes de que este se produzca. En el caso del deber de mitigar el daño, la conducta del acreedor que incumple esta carga "presupone" que el daño ya se produjo. Por tanto, la carga de mitigar el daño es una institución que repercute en las consecuencias posteriores del daño que previamente se ha ocasionado por culpa del deudor[153].

La culpa de la víctima se vincula a la atribución del evento lesivo a una o varias personas, es decir, está referida al *an debeatur* (primera función de la

---

[153] Un sector de la doctrina italiana para distinguir la culpa de la víctima del deber de evitar el daño se refiere al "daño evento" y al "daño consecuencia". El primero, se afirma, está constituido por el evento lesivo. Hay culpa de la víctima cuando el evento lesivo es producido por la concurrencia de la culpa de la propia víctima con la culpa del agente, en cuyo caso la obligación de reparar el daño se disminuye en la medida en que la víctima haya contribuido a aquel. En cambio, el daño consecuencia comprende todos aquellos daños posteriores al evento lesivo y que si el acreedor perjudicado podía evitar constituyen daños evitables que deben ser soportados por el mismo y, por tanto, no son resarcibles. Hay, pues, culpa de la víctima o del acreedor, cuando este participa culposamente en la producción del evento lesivo; en cambio, el daño evitable se refiere a los daños que surgen después del evento lesivo (daño evento) y que sean atribuibles a la conducta activa u omisiva del perjudicado. Para el primer supuesto el inciso primero del artículo 1227 del *Codice* prevé una repartición de la responsabilidad entre el acreedor y el deudor; para el segundo supuesto, el inciso segundo de esta disposición prevé la exclusión del resarcimiento del daño evitable. Al respecto, véase: Visintini: ob. cit. (***Trattato breve della responsabilitá civile…***), p. 692; Rossello: ob. cit. (***Il danno evitabile. La misura della responsabilità tra diligenza ed efficienza***), p. 37; De Cupis: ob. cit., pp. 283 y ss. En contra, Bianca: ob. cit. (***Diritto Civile***, Vol. v), p. 138, quien afirma que tanto la culpa de la víctima como el deber de mitigar el daño, pueden referirse a supuestos de daño evento o de daño consecuencia.

causalidad); el daño evitable es un problema de la extensión del resarcimiento, esto es, referido al *quantum respondeatur* (segunda función de la causalidad) (*infra*, N° 4.4.1)[154].

En materia contractual, cuando la culpa del acreedor concurre con la culpa del deudor en la inejecución del contrato o en la causación del daño inicial proveniente de la falta de cumplimiento de una obligación, la obligación de reparar el daño se verá reducida en la medida en que la culpa del acreedor contribuyó al mismo (argumento: *ex* artículo 1189 del Código Civil). Pero cuando el comportamiento del acreedor despliega su eficacia en un momento posterior a la causación del daño, propagando las consecuencias del daño causado o no atenuando su impacto, el daño no evitado o mitigado por el acreedor perjudicado pudiendo haberlo sido, será excluido del *quantum respondeatur* por no ser una consecuencia directa e inmediata, esto es, necesaria de la falta de cumplimiento de la obligación (argumento: *ex* artículo 1275 del Código Civil) (*infra*, N° 4.4.2).

4.3. Incidencia en el contrato de seguro

Como se dijo, el deber de mitigación no se encuentra expresamente recogido en nuestro Código Civil. Sin embargo, en materia de seguros, tal y como ocurre en la mayoría de los países, existen disposiciones especiales relativas a la obligación del asegurado de mitigar el daño. Los artículos 20 numerales 3 y 4, y 40 de la Ley del Contrato de Seguro[155] disponen lo siguiente:

> **Artículo 20.**- Obligaciones del tomador, del asegurado o del beneficiario. El tomador, el asegurado o el beneficiario, según el caso, deberán: (…) 3. Emplear el cuidado de un diligente padre de familia para prevenir el siniestro. 4. Tomar las medidas necesarias para salvar o recobrar las cosas aseguradas o para conservar sus restos.

---

[154] *Cfr.*, Fuentes Guínez: ob. cit. (**La extensión del daño contractual**), p. 243; San Martín Neira: ob. cit., p. 298.

[155] Publicada en la *Gaceta Oficial de la República Bolivariana de Venezuela* N° 5.553 extraordinario, de fecha 12 de noviembre de 2001.

Artículo 40.- Obligación de aminorar las consecuencias del siniestro. El tomador, el asegurado o el beneficiario debe emplear los medios a su alcance para aminorar las consecuencias del siniestro. El incumplimiento de este deber dará derecho a la empresa de seguros a reducir la indemnización en la proporción correspondiente, teniendo en cuenta la importancia de los daños derivados del mismo y el grado de culpa del tomador, el asegurado o el beneficiario.

Si este incumplimiento se produjera con la manifiesta intención de perjudicar o engañar a la empresa de seguros, ésta quedará liberada de toda prestación derivada del siniestro.

Los gastos que se originen por el cumplimiento de la citada obligación, siempre que no sean inoportunos o desproporcionados a los bienes salvados, serán por cuenta de la empresa de seguros hasta el límite fijado en el contrato, e incluso si tales gastos no han tenido resultados efectivos o positivos. En ausencia de pacto, se indemnizarán los gastos efectivamente originados, sin que esta indemnización, aunada a la del siniestro, pueda exceder de la suma asegurada.

La empresa de seguros que en virtud del contrato solo deba indemnizar una parte del daño causado por el siniestro, deberá reembolsar la parte proporcional de los gastos de salvamento, a menos que el tomador, el asegurado o el beneficiario hayan actuado siguiendo las instrucciones de la empresa de seguros y haya demostrado que dichos gastos no eran razonables, en cuyo caso los gastos serán a costa de ésta.

De ahí que por el solo hecho de que el asegurador deba responder, el asegurado no queda autorizado para permanecer inactivo, sino que debe activarse a fin de contener el daño o aminorar sus efectos (deber de salvamento)[156].

Para fundamentar el deber de salvamento se invocan las siguientes razones: la defensa de los intereses del asegurador, la defensa de los intereses del asegurado,

---

[156] *Cfr.*, Jaramillo: ob. cit., p. 152.

la ejecución de un mandato dado por el asegurador al asegurado y las exigencias de la buena fe que no toleran la actitud pasiva del asegurado que no adopta medidas de salvamento que adoptaría si él no estuviera amparado por una póliza de seguro. En la doctrina nacional, el profesor Morles Hernández afirma que "ninguna de las explicaciones es excluyente, sino que todas ellas concurren para suministrar motivos para una conducta razonable de quien es parte en un contrato"[157].

Una vez ocurrido el siniestro, el asegurado tiene el deber de limitar sus consecuencias y, por lo mismo, de limitar los daños hasta donde sea posible. Así, el asegurado debe cuidar que los restos de la cosa asegurada queden debidamente resguardados ya que, en la mayoría de los casos, será posible obtener de ellos algún valor que pueda imputarse a la indemnización y, además, con frecuencia con los restos del bien dañado se puede reconstruir o reparar la cosa[158].

Pero adicionalmente el asegurado tiene el deber de actuar con la debida diligencia para evitar el siniestro cuando este amenaza concretarse. Aun cuando el artículo 40 solo se refiere a la obligación (*rectius*: carga) de "aminorar" las consecuencias del siniestro y no alude a la actividad que debe desarrollar el asegurado para evitar que se produzca el siniestro, esta disposición tiene que interpretarse en concordancia con el artículo 20 (numeral 3), que impone al asegurado el deber de emplear el cuidado de un buen padre de familia para "prevenir" el siniestro. De lo anterior resulta que el asegurado debe realizar aquellos actos precisos para prevenir la ocurrencia de un siniestro que amenaza producirse, desplegando una debida diligencia. Por consiguiente, la no adopción de medidas preventivas adecuadas constituye un incumplimiento del deber de salvamento con las consecuencias para tal caso previstas; y si se adoptan tales medidas, con el fin de prevenir la producción de un siniestro inminente, el asegurador deberá igualmente restituir los gastos generados por este concepto[159].

---

[157] Morles Hernández: ob. cit., p. 375.

[158] *Cfr.*, Domínguez Águila: ob. cit., p. 152; Landaez Otazo: ob. cit., p. 142.

[159] En la doctrina italiana, bajo el Código de Comercio de 1882, Vivante, César: **Del contrato de seguro**. Traducción castellana. Ediar. Buenos Aires, 1952, p. 373, sostuvo "los gastos reembolsables al asegurado son los hechos para evitar o disminuir los

La carga que le impone la Ley del Contrato de Seguro al asegurado consiste pues en la realización de aquellas actividades orientadas a evitar la ocurrencia del siniestro próximo o inminente y si este ha tenido lugar a evitar el daño o al menos atenuarlo[160]. Este, por tanto, está obligado a actuar con mediana diligencia para prevenir el acaecimiento del siniestro. Asimismo, está obligado, una vez ocurrido este, a evitar la extensión y propagación del mismo.

De acuerdo con el artículo 40 de la Ley del Contrato de Seguro, los gastos derivados de las medidas tomadas por el asegurado para mitigar las consecuencias del siniestro son asumidos por el asegurador cuando aquel se ha comportado como un buen padre de familia, a pesar de que las gestiones realizadas no hubieran tenido éxito. El asegurador debe pues reembolsar al asegurado los gastos razonables realizados en cumplimiento de lo dispuesto por el artículo 40, aun cuando las diligencias realizadas no hubieran producido ningún resultado. Los gastos inoportunos o desproporcionados no son debidos por el asegurador y serán, en consecuencia, asumidos en forma exclusiva por el asegurado, no procediendo entonces su reembolso, salvo por supuesto que previamente hayan sido autorizados por aquel. El reembolso no podrá exceder la suma asegurada (Ley del Contrato de Seguro, artículo 40, tercera parte).

Si el asegurado incumple la carga de evitar la extensión y propagación del siniestro, el asegurador podrá deducir de la indemnización el monto de los

---

daños del siniestro", es decir, incluyendo ambos. En la doctrina nacional, Morles Hernández: ob. cit., p. 358, considera que el deber de prevenir el siniestro contemplado en el artículo 20 Nº 3 de la Ley del Contrato de Seguro se asimila al deber de mantener el estado de riesgo que consagraba más explícitamente el derogado artículo 559 del Código de Comercio. A nuestro modo de ver, se trata de una carga de contenido distinto al de la de mantener el estado de riesgo. La carga de mantener el estado de riesgo consiste en evitar un cambio arbitrario en consideración al aumento de probabilidades de la producción del siniestro, pero sin referencia a su acaecimiento efectivo. En cambio, la carga de prevenir el siniestro implica adoptar medidas que reduzcan el peligro para cuando este se concrete o amenaza concretarse; por lo que tiene también como objeto evitar total o parcialmente el daño. En el mismo sentido, Halperín, citado en Jaramillo: ob. cit., p. 268.

[160] En el mismo sentido, en la doctrina italiana, se afirma: "El asegurado tiene la obligación de hacer lo posible para evitar el daño o disminuirlo (…) en aplicación del principio de autoresponsabilidad", De Gregorio, Fanelli y La Torre, citados en Jaramillo: ob. cit., p. 276.

perjuicios que le cause dicho incumplimiento, salvo que el asegurado haya procedido de mala fe en cuyo caso perderá el derecho a percibir la indemnización *in toto* (Ley del Contrato de Seguro, artículo 40, segunda parte).

Ahora bien, las reglas antes examinadas responden a las características particulares del contrato de seguro, encontrándose normas más o menos similares en la generalidad de los ordenamientos. Sin embargo, con base en estas disposiciones exclusivamente no es posible extraer por vía inductiva un principio general que imponga el deber de evitar o mitigar el daño[161]. A lo sumo, solo podría afirmarse que en estas normas se consagra un supuesto concreto de aplicación del principio general de mitigación del daño, cuyo fundamento en nuestro Derecho habrá de encontrarse en las normas generales sobre la responsabilidad civil contractual, tal y como pasamos a explicarlo a continuación.

4.4. Fundamento

Según algunos autores, el deber de evitar o mitigar el daño se fundamenta en la buena fe contractual y en el principio de corrección[162]; otros sostienen que es una derivación de las reglas de la causalidad[163], concretamente, de la exigencia

---

[161] Tanto más cuanto que producido el siniestro las partes del contrato de seguro se encuentran en una posición diferente de la que vincula al acreedor perjudicado con su contraparte que ha incumplido el contrato (o, en su caso, a la víctima del hecho ilícito con el agente del daño). En la relación jurídica derivada del seguro, la parte que debe indemnizar el daño no es la persona responsable del daño, sino un tercero que actúa en forma de "garante" del patrimonio de la víctima ante la ocurrencia del siniestro. Los intereses de las partes no se encuentran aquí en "pugna", como ocurre en la relación que vincula al responsable con la víctima, ya que la víctima ha pagado una prima de acuerdo con las condiciones de una póliza de seguros para asegurar sus intereses; por lo cual, sobrevenido el siniestro, al asegurado simplemente le corresponde cumplir con la prestación a su cargo, de acuerdo con el contrato. Véase: Ortscheidt: ob. cit., p. 168; Troncoso: ob. cit., p. 367.

[162] Criscuoli: ob. cit., pp. 560 y ss.; Visintini: ob. cit. (***"Risarcimento del danno"***), pp. 205 y ss.; Bianca: ob. cit. (***Diritto Civile***, Vol. v), p. 159; Reifegerste: ob. cit., pp. 128-138; Hanotiau: ob. cit., p. 400. Como dijimos en su oportunidad, esta fundamentación se invoca con frecuencia en la jurisprudencia arbitral internacional (*supra*, N° 2.2.2).

[163] Pizarro Wilson: ob. cit., p. 77.

del daño directo[164]; según un sector de la doctrina, se trata de un supuesto de autoresponsabilidad del perjudicado que conlleva el no resarcimiento del daño autogenerado[165]; otros autores, en cambio, tratan el daño evitable al hablar de la culpa de la víctima[166] o la culpa del acreedor y lo consideran como un problema de concurrencia de causas en la producción del daño o en su agravación a la que contribuyen el deudor incumplidor y el acreedor perjudicado por el incumplimiento[167]. Por último, se ha sostenido que este deber guarda relación con un aspecto jurídico del *quantum respondeatur*[168].

Generalmente, la posición de los autores respecto de la fundamentación del deber de mitigar el daño varía según el área de la responsabilidad civil que sea objeto de estudio. Cuando se trata de la responsabilidad contractual, la mayoría de los autores consideran que se trata de un problema de buena fe contractual. En cambio, cuando se trata de la responsabilidad extracontractual, sostienen que se trata de un problema de culpa de la víctima. Por nuestra parte, nos referiremos al fundamento del deber de evitar o mitigar el daño en nuestro ordenamiento por parte del acreedor perjudicado por la inejecución del contrato.

De otro lado, consideramos que buena parte de la disparidad de opiniones acerca del fundamento del instituto objeto de nuestro estudio obedece a la diferente noción de la causalidad que manejan los autores. Por lo cual, para una adecuada solución del problema planteado conviene, en primer lugar, distinguir las dos funciones de la relación de causalidad como elemento de la responsabilidad civil y precisar en cuál de ellas encuentra acomodo el deber

---

[164] Larroumet: ob. cit., p. 8.

[165] San Martín Neira: ob. cit., pp. 323 y ss.

[166] Hinestrosa, Fernando: **Tratado de las obligaciones: concepto, estructura, vicisitudes.** Universidad Externado de Colombia. Bogotá, 2002, p. 779.

[167] Gatica Pacheco, Sergio: **Aspectos de la indemnización de perjuicios por incumplimiento del contrato.** Editorial Jurídica de Chile. Santiago, 1959, pp. 187-190; Kummerow: ob. cit. ("Esquema del daño contractual…"), pp. 330-331.

[168] Pinori: ob. cit., pp. 341 y ss.: Rossello: ob. cit. (***Il danno evitabile. La misura della responsabilità tra diligenza ed efficienza***), p. 175 y ss.; Fuentes Guínez: ob. cit. (**La extensión del daño contractual**), p. 243.

de mitigación. Esto nos permitirá a continuación encontrar la fundamentación del deber de mitigar el daño en las reglas y principios que rigen la responsabilidad civil contractual.

4.4.1. Los dos planos de la causalidad:
el an debeatur y el quantum respondeatur

Como es bien sabido, la función de la causalidad no es única, sino doble. En primer lugar, sirve para determinar el *an debeatur*, es decir, para establecer una conexión causal entre el hecho del agente y el daño. En segundo término, la causalidad permite fijar el *quantum respondeatur*, es decir, sirve para determinar cuáles daños efectivamente sufridos por el demandante, deben ser soportados por el demandado, en otras palabras, fija la extensión de la obligación de resarcimiento[169]. En nuestro país se acepta pacíficamente que la relación de causalidad cumple dos funciones: i. establecer si el hecho que se reprocha al demandado es causa del daño; y ii. fijar la extensión del resarcimiento, o sea, establecer cuales de los daños sufridos por el actor son causalmente atribuibles al demandado[170].

De modo que la causalidad, por un lado, sirve para imputar el hecho generador de responsabilidad, esto es, para determinar si el incumplimiento o el evento dañoso puede o no ser atribuido a un sujeto determinado; pero, además, la causalidad permite fijar la extensión del perjuicio indemnizable, el *quantum respondeatur*, esto es, selecciona entre los daños producidos cuáles serán resarcibles y cuáles no.

En fin, la primera función del nexo causal busca establecer si el resultado dañoso puede ser atribuido o no a un sujeto determinado, o a uno o varios

---

[169] *Cfr.*, Visintini: ob. cit. (***Trattato breve della responsabilità civile…***), p. 629; Rossello: ob. cit. (***Il danno evitabile. La misura della responsabilità tra diligenza ed efficienza***), pp. 9 y ss.; De Cupis: ob. cit., pp. 246 y ss.

[170] Al respecto, véase: Maduro Luyando y Pittier Sucre: ob. cit., p. 196; Mélich-Orsini: ob. cit. (**La responsabilidad civil por hechos ilícitos**), pp. 133-134; Palacios Herrera, Oscar: **Apuntes de obligaciones**. Ediciones Centro de Estudiantes. Universidad del Zulia. Maracaibo, 1982, pp. 53-54.

sujetos. La llamada segunda función de la causalidad ya no busca determinar la persona del responsable, sino fijar la extensión del daño indemnizable[171].

Una vez afirmada la existencia de la responsabilidad y precisados el o los sujetos que habrán de asumir la obligación de indemnizar, entra en funcionamiento esta segunda cuestión que se refiere al *quantum respondeatur*. Aquí se trata de delimitar hasta dónde se extiende la responsabilidad, es decir, sirve para establecer desde el punto de vista jurídico qué consecuencias dañosas pueden considerarse como derivadas del incumplimiento contractual o, en su caso, del hecho ilícito. Para cumplir esta función, el ordenamiento proporciona los denominados criterios jurídicos de delimitación del daño resarcible en los artículos 1274 y 1275 del Código Civil, entre los cuales se encuentran los contenidos bajo la expresión "consecuencia inmediata y directa de la falta de cumplimiento de la obligación" que trae el artículo 1275.

De ahí que el problema del daño indirecto es solo un aspecto particular del problema de la pluralidad de causas y debe resolverse a partir de los principios que rigen la relación de causalidad[172]. Como afirma el profesor Mélich-

---

[171] *Cfr.*, Fuentes Guínez: ob. cit. (**La extensión del daño contractual**), pp. 188-193.

[172] A los fines de la determinación del nexo causal en nuestro ordenamiento, en la doctrina y la jurisprudencia nacionales parece advertirse una tendencia hacia el reconocimiento de la teoría de la causa adecuada o de algunos criterios restrictivos similares. Es decir, dentro de la cadena de hechos determinantes del daño se ha de determinar cuál de los hechos de la cadena es el que ha jugado un papel preponderante en la realización del daño. Véase: Acedo Sucre, Carlos Eduardo: **La función de la culpa en la responsabilidad por hecho ilícito en Derecho venezolano, comparado con los Derechos francés e italiano**. Editorial Jurídica Venezolana. Caracas, 1993, pp. 293-298; Maduro Luyando y Pittier Sucre: ob. cit., t. I, pp. 200-201; Mélich-Orsini: ob. cit. (**La responsabilidad civil por hecho ilícito**), pp. 137-140, Carnevali de Camacho, Magaly: **Análisis legislativo, doctrinario y jurisprudencial de la responsabilidad civil extracontractual por hecho ilícito**. Ediciones Magón. Mérida, 1982, pp. 86 y ss.; Sentencia de la Sala Civil de la Corte Suprema de Justicia de fecha 18 de noviembre de 1992 en: **Pierre Tapia. Jurisprudencia de la Corte Suprema de Justicia**. Tomo II. Caracas, 1992, p. 154. Todo ello, sin perjuicio de que los autores que se han ocupado del asunto terminan diciendo que el vínculo de causalidad es un problema que escapa a toda solución lógica, concluyendo que "para determinar si hay o no vínculo de causalidad,

Orsini al referirse al daño indirecto "todo se reduce en última instancia a la cuestión de la certeza del nexo causal entre el daño que se reclama y la conducta culposa del perjudicado"[173].

Teniendo en cuenta lo antes expuesto, es importante destacar que el deber de evitar o mitigar el daño entra en juego una vez resuelta la primera función del nexo causal. El deber de mitigación es, en definitiva, un criterio jurídico de la extensión del perjuicio indemnizable, es decir, un principio propio de la causalidad en su segunda función y que se encuentra recogido en el artículo 1275 del Código Civil en la expresión "consecuencia inmediata y directa del incumplimiento"[174]. Aun cuando lo que se le atribuye al perjudicado que permanece inactivo no es el haber materialmente ocasionado el daño, sino el no haber impedido que se verificase, cuando su acción seguramente hubiera evitado el daño[175], en definitiva, el deber de evitar el daño nos coloca frente a un problema de causalidad.

---

todas las teorías constituyen un valioso elemento, pero el juez tiene que atenerse en gran parte a su sensibilidad, a tomar en cuenta las circunstancias objetivas y pragmáticas para llegar a una conclusión adecuada" (Maduro Luyando y Pittier Sucre: ob. cit., t. I, p. 201). Aplicando la teoría de la causalidad adecuada a la segunda función del nexo causal, es decir, al *quantum respondeatur*, la doctrina italiana moderna llega a la conclusión de que deben excluirse del resarcimiento por no existir regularidad causal entre el incumplimiento y el perjuicio, los daños evitables por el acreedor y aquellos anormales o irregulares que no pueden imputarse al sujeto porque serían efectos que respecto a su misma acción aparecen como anormales o atípicos por no responder al curso normal de los acontecimientos y, por tanto, al que suministra la experiencia. Al respecto, véase la nota 188 *ut infra*.

[173] Mélich-Orsini: ob. cit. (**La responsabilidad civil por hechos ilícitos**), p. 145.

[174] *Cfr.*, Fuentes Guínez: ob. cit. (**La extensión del daño contractual**), p. 243. En el mismo sentido, en la doctrina italiana, Visintini: ob. cit. (***Trattato breve della responsabilità civile…***), p. 681, refriéndose al artículo 1229 del derogado Código Civil italiano de 1865, idéntico a nuestro artículo 1275, expresa que en su significado original la expresión "daño indirecto y mediato" que contenía dicha norma comprendía los daños evitables con un mínimo de diligencia por parte del acreedor, pero que en el actual *Codice* el criterio de la evitabilidad viene formulado en forma autónoma en el inciso 2º del artículo 1227.

[175] *Cfr.*, Fiandaca, Giovanni: "*Rapporto di Causalità*". En: ***Digesto delle discipline privatistiche (sezione civile)***. Vol. IV. Publicación de la Unione Tipografico-Editrice Torinese. Torino, 1988, p. 127.

Hechos los señalamientos anteriores pasamos a examinar el fundamento del deber de evitar o mitigar el daño en el Derecho venezolano.

4.4.2. La buena fe objetiva y la interrupción del nexo causal

Ante la ausencia de una disposición de alcance general que consagre expresamente en nuestro ordenamiento el deber de mitigación, entre nosotros la fundamentación legal de la irresarcibilidad del daño evitable se plantea en términos similares a los asumidos por la doctrina italiana bajo la vigencia del Código Civil de 1865 que tampoco consagraba, al menos explícitamente, el deber del acreedor perjudicado de evitar o mitigar el daño producido por el incumplimiento.

Recogiendo las enseñanzas de Pothier (*supra*, N° 1.7), la doctrina clásica italiana consideró que la expresión "consecuencia inmediata y directa" empleada en el artículo 1229 del Código Civil italiano de 1865, debía ser interpretada en el sentido de "consecuencias necesarias" del incumplimiento[176]. Esta disposición limita los daños y perjuicios resarcibles a los que sean "consecuencia inmediata y directa del incumplimiento"[177]. La doctrina italiana que comenta el artículo 1229

---

[176] Al respecto, véase: Chironi, Gian Pietro: *La colpa nel diritto civile moderno. Colpa contrattuale*. Fratelli Bocca. Torino, 1897, p. 177; Giorgi, Jorge: **Teoría de las obligaciones en el Derecho moderno**. Vol. II. Traducción castellana. Editorial Reus. Madrid, 1929, pp. 144-149; Mandrioli, Dino: *"Le consequenze immediate e dirette dell'inadempimento doloso"*. En: *Rivista del Diritto Commerciale e del Diritto Generale delle Obbligazioni*. Vol. XIX. Parte Prima. Casa Editrice Francesco Vallardi. A. Sraffa y C. Vivante, directores. Milano, 1921, p. 325. La misma orientación se sigue en la doctrina francesa y belga cuando se afirma que la expresión "consecuencia inmediata y directa" que trae el artículo 1151 del *Code* debe sustituirse por la de "consecuencia necesaria y directa". Al respecto, véase: Mazeaud: ob. cit., p. 560; Mazeaud H., L. y Tunc, A.: **Tratado teórico y práctico de la responsabilidad civil delictual y contractual**. Tomo II. Vol. II. Ediciones Jurídicas Europa y América. Trad. Luis Alcalá Zamora y Castillo. Buenos Aires, 1977, p. 278. En el mismo sentido, en la doctrina nacional, véase: Mélich-Orsini: ob. cit. (**La responsabilidad civil por hecho ilícito**), p. 145.

[177] Cabe hacer notar que la doctrina sostiene pacíficamente que la limitación del resarcimiento a los solos daños directos se aplica también en caso de responsabilidad extracontractual. Al respecto, por todos, véase: Le Tourneau, Philippe: **La responsabilidad civil**. Trad. Javier Tamayo Jaramillo. Legis. Bogotá, 2004, p. 88. En la doctrina nacional, por todos, véase: Mélich-Orsini: ob. cit. (**La responsabilidad civil por hechos ilícitos**), pp. 52-54; Maduro Luyando y Pittier Sucre: ob. cit., t. I, p. 156.

del Código Civil italiano de 1865, sustancialmente idéntico al artículo 1275[178] del Código Civil venezolano, llegó a la conclusión que la expresión "consecuencia inmediata y directa" debía interpretarse en el sentido de consecuencias necesarias, esto es, debía tratarse de un daño cuya causa radicara únicamente en el incumplimiento o cuando, para el caso de que se tratara de un daño indirecto, la nueva causa fuera, a su vez, una consecuencia necesaria de la anterior. De ahí que no debían indemnizarse aquellos perjuicios ulteriores que no derivaran exclusivamente de la inejecución, o de una consecuencia necesaria de esta, sino del concurso con otras causas, entre las cuales se incluía precisamente el hecho del acreedor que habría podido comportarse mejor.

Exponente de esta corriente de opinión en la doctrina clásica italiana es el autor Giorgi, quien expresa:

> Pero lo cierto es que [con la expresión consecuencia inmediata y directa del incumplimiento] el legislador ha querido excluir del resarcimiento todos aquellos daños ulteriores que no se derivarían del incumplimiento sin el concurso de nuevas causas: *ex nova* causa. Pero ¿cuándo se dice que concurre una nueva causa? Esto es una cuestión de hecho o buen sentido más que de ciencia o de estricto derecho (…) la *nova* causa surge cuando para llegar desde el incumplimiento a los daños en litigio, se requiere una serie prolongada de actos o de eventos que no sean todos efectos necesarios del incumplimiento. Puede consistir, o en el hecho mismo del acreedor, o bien en un caso fortuito, como el hecho de un tercero extraño, o bien un accidente natural. Si la nueva causa consiste en el comportamiento del acreedor, que

---

[178] El artículo 1229 del Código Civil italiano de 1865 dice lo siguiente: "Aunque la falta de cumplimiento de la obligación resulte de dolo del deudor, los daños y perjuicios relativos a la pérdida sufrida por el acreedor y a la utilidad de que se le haya privado, no deben extenderse sino a los que son consecuencia inmediata y directa de la falta de cumplimiento de la obligación". El legislador venezolano en el artículo 1164 del Código Civil de 1873 reprodujo al pie de la letra esta disposición, la cual fue incluida en los mismo términos en nuestros Códigos Civiles de 1880 (artículo 1174), 1896 (artículo 1174), 1904 (artículo 1174), 1916 (artículo 1295), 1992 (artículo 1295), 1942 (artículo 1275) y cuyo texto tampoco fue modificado en la Ley de Reforma Parcial del Código Civil de 1982.

hubiera podido portarse mejor, los nuevos daños no pueden ciertamente atribuirse al deudor, por no ser lícito al acreedor aumentar, con su malicia y su descuido, la suma de daños para ponerla a cargo del deudor"[179].

Como los mayores daños consistentes en una agravación por parte del acreedor no eran una consecuencia necesaria del incumplimiento, sino de la conducta del acreedor, debían considerarse "daños indirectos" respecto del incumplimiento del deudor y, por ende, no resarcibles. De esta forma, el juez, al momento de determinar los daños y perjuicios que deben ser indemnizados por el responsable, excluirá del monto de la indemnización aquellos que, si bien pueden estar ligados con el incumplimiento, tienen como origen la conducta negligente de la víctima y, por tanto, no son una consecuencia directa e inmediata del incumplimiento. Dicha conducta es un nuevo evento que interviene y cuyo efecto es la ruptura en el encadenamiento de efectos y, por tanto, el deudor no deberá responder por los daños que resulten de este evento.

La opinión de Giorgi fue objeto de algunas críticas por parte de un sector de la doctrina clásica italiana que señalaba que esta argumentación era aceptable cuando se trataba de una conducta positiva del acreedor que agravaba el daño, pero cuando dicha conducta consistía en una mera "omisión" negligente por parte del acreedor perjudicado que habría podido comportarse mejor y evitar la propagación de las consecuencias dañosas, dicha omisión, para interrumpir el nexo causal, debía traducirse en "una infracción de una regla de conducta de orden legal" que pudiera serle exigible al acreedor: la de desarrollar una actividad diligente de acuerdo con las circunstancias para evitar los daños o que estos aumenten. La omisión solo tiene relevancia causal, se afirma, cuando ella se traduce en la inobservancia de una norma jurídica[180].

---

[179] Giorgi: ob. cit., Vol. II, p. 145.

[180] Al respecto, véase: Fubini, Riccardo: *"Sul comportamento del creditore nel caso di inadimpienza del debitore"*. En: ***Scritti giuridici dedicati ed offerti a Gian Pietro Chironi***. Vol. I. Fratelli Bocca. Milano, 1915, p. 133. En el mismo sentido, en la doctrina que se refiere al *Codice* de 1942, véase: Cricenti, Guiseppe: ***Il problema della colpa omissiva***. Cedam. Padova, 2002.

Para fundamentar el principio de que los mayores daños que fueron producto de una omisión negligente del acreedor no debían ser resarcidos, se consideró entonces que "sobre el acreedor perjudicado por el incumplimiento pesa una carga derivada de la buena fe contractual consagrada" en el artículo 1124 del Código Civil[181] que le impone activarse a fin de contener los daños y si no lo hace su omisión produce una interrupción del nexo causal entre el incumplimiento y los perjuicios que habría evitado si hubiera actuado diligentemente[182].

En fin, los mayores daños consistentes en una "agravación" por parte del acreedor fueron considerados por la doctrina clásica italiana "daños indirectos" respecto del incumplimiento del deudor y, por ende, no resarcibles, pues la conducta omisiva del acreedor, al no hacer lo necesario para limitar la extensión del perjuicio o evitar la propagación de sus consecuencias, se traduce en la transgresión de una regla derivada de las exigencias de la buena fe que rompe el nexo de causalidad entre el incumplimiento y el daño final y, por tanto, justifica su exclusión del *quantum respondeatur*, conforme a lo dispuesto en el artículo 1124 del Código.

En nuestro concepto, estas consideraciones de la doctrina y la jurisprudencia referentes a los artículos 1124 y 1229 del Código Civil italiano de 1865, idénticos a los artículos 1160 y 1275 del Código Civil venezolano, son perfectamente trasladables a nuestro ordenamiento y nos suministran una fundamentación

---

[181] El artículo 1124 del Código Civil italiano de 1865 dice textualmente lo siguiente: "Los contratos deben ejecutarse de buena fe y obligan no solamente a cumplir lo expresado en ellos, sino a todas las consecuencias que se derivan de los mismos contratos, según la equidad, el uso o la Ley". El legislador venezolano en el artículo 1069 del Código Civil de 1873 reprodujo *ad pedem litterae* esta disposición, la cual fue incluida en los mismos términos en nuestros Códigos Civiles de 1880 (artículo 1077), 1896 (artículo 1098), 1904 (artículo 1104), 1916 (artículo 1199), 1922 (artículo 1199) y 1942 (artículo 1160) y cuyo texto tampoco fue modificado en la Ley de Reforma Parcial del Código Civil de 1982.

[182] Betti, Emilio: *"Influenza dell'alienazione da parte del compratore sulla responsabilità del venditore per vizio redibitorio"*. En: *Rivista del Diritto Commerciale e del Diritto Generale delle Obbligazioni*. Vol. XXIV. Parte Secunda. Casa Editrice Francesco Vallardi. A. Sraffa y C. Vivante, directores. Milano, 1921, pp. 348-351.

legal del deber de evitar o mitigar el daño a cargo del acreedor perjudicado por el incumplimiento del contrato.

En nuestro ordenamiento, por ende, el deber de limitar la extensión del perjuicio sufrido tiene un fundamento mixto. Hay, en primer lugar, una regla de conducta derivada de las exigencias de la buena fe de evitar la propagación de los daños, adoptando para ello las precauciones que la diligencia ordinaria exige[183]. En efecto, el principio de la buena fe objetiva se extiende tanto al cumplimiento como al incumplimiento del contrato. Como afirma Betti:

> La buena fe entra en juego en la fase patológica del incumplimiento, en la que ya no se trata de satisfacer las expectativas recíprocas, y, por tanto, la buena fe ya no puede jugar como función positiva, como compromiso de cumplir, pero sin embargo sigue existiendo un contacto social entre las dos esferas contiguas del acreedor y el deudor; el acreedor aun cuando no queden satisfechas sus expectativas no puede considerarse como en estado de guerra con el deudor y comportarse de tal modo que aumente el daño del incumplimiento (…) hay aquí una exigencia de corrección que le impone, incluso en esta fase, buscar el modo de limitar los daños derivados del incumplimiento[184].

De lo anterior resulta que el acreedor, no obstante haber sido víctima de un incumplimiento por su contraparte, sigue estando obligado a comportarse de buena fe y, por ende, a observar una conducta diligente que limite la amplitud del daño sufrido[185].

---

[183] *Cfr.*, Van Ommeslaghe: ob. cit., Tome II, p. 1604. Véase, asimismo, la doctrina citada en la nota 162 *ut supra*.

[184] Betti, Emilio. **Teoría general de las obligaciones**. Traducción castellana. Editorial Revista de Derecho Privado. Madrid, 1969, p. 117.

[185] Según algunos, se estira demasiado la noción de buena fe contractual cuando se la invoca como fundamentación legal de la irresarcibilidad del daño evitable, ya que no hay que olvidar que ha sido precisamente el deudor quien incumplió el contrato y pretende ahora ampararse en el comportamiento desleal de su co-contratante para reducir el monto de los perjuicios indemnizables. Véase: Larroumet: ob. cit., p. 8; Pizarro Wilson: ob. cit., p. 77. A nuestro modo de ver, no existe en este caso ningún empleo impropio o más allá de lo razonable de la noción de buena fe puesto que, aunque

Pero es en última instancia, en un principio de la causalidad en su segunda función y, concretamente, en la exigencia del daño directo como criterio de delimitación del *quantum respondeatur*, donde debe encontrarse el reconocimiento legal de la irresarcibilidad del daño evitable. En nuestro ordenamiento, que sigue en esta materia la orientación del *Code* y del Código Civil italiano de 1865, la expresión "consecuencia inmediata y directa" debe ser entendida del mismo modo como la entendían Pothier y la doctrina clásica italiana, es decir, como aquellas consecuencias inevitables por el acreedor. De ahí que no sean reparables los daños que el perjudicado hubiera podido evitar, los cuales son consecuencias no necesarias del incumplimiento. En conclusión, el daño evitable es atribuible más bien a la negligencia del acreedor que a la falta de cumplimiento de la obligación, por esto no merece ser resarcido y se excluye del *quantum respondeatur*.

En nuestro ordenamiento, la exclusión del resarcimiento del daño evitable es, en definitiva, una derivación de las reglas de la causalidad. El daño que podía ser evitado no debe resarcirse porque no es una consecuencia directa del incumplimiento, sino de la inactividad del acreedor[186]. La indemnización comprende todo el daño causado por el incumplimiento, siempre que sea una consecuencia inmediata y directa, es decir, necesaria, del incumplimiento, esto es, no evitable por el acreedor utilizando la mediana diligencia[187]. Con la expresión "consecuencia inmediata y directa" del incumplimiento que contiene

---

no queden ya satisfechas las expectativas del acreedor en razón de la inejecución del contrato, este no puede comportarse de modo tal que aumente el daño derivado de dicha inejecución. En cambio, se desnaturaliza el concepto de buena fe cuando se emplea para abusar del ejercicio de una prerrogativa contractual, alterar las estipulaciones de un contrato, desconocer cláusulas contractuales expresamente previstas para el caso concreto o, en general, para desvirtuar estipulaciones que reflejan el interés de las partes o el propósito de la contratación. Por supuesto, tampoco puede recurrirse a esta noción para exigir el cumplimiento de un contrato que colide con disposiciones imperativas de la ley.

[186] En el mismo sentido, en la moderna doctrina italiana, véase: Rossello, Carlo: "*Concorso del fatto colposo del creditore*". En: ***Trattato della responsabilità contrattuale***. Vol. III. Cedam. Giovanna Visintini, directora. Padova, 2009, p. 417.

[187] *Cfr.*, Forchielli, Paolo: ***Il rapporto di causalità nell'illecito civile***. Cedam. Padova, 1960, pp. 47 y ss.

el artículo 1275 se excluye pues la indemnización de los daños evitables[188]. Dicho en otras palabras, el daño que el acreedor hubiera podido evitar no es resarcible porque su omisión negligente produce la interrupción del nexo causal entre el incumplimiento y el daño[189]. No constituye una consecuencia inmediata y directa del incumplimiento del acreedor.

Hay pues un deber derivado de la buena fe[190], en razón del comportamiento leal y diligente exigible al acreedor una vez verificado el incumplimiento,

---

[188] El otro criterio delimitador del daño indemnizable comprendido en la expresión "consecuencia inmediata y directa de la falta de cumplimiento de la obligación" es la exclusión del daño anormal. De acuerdo con un sector importante de la doctrina italiana, la expresión "consecuencia inmediata y directa" que traen los artículos 1229 del Código Civil italiano de 1865 y 1223 del *Codice*, además del daño evitable por el acreedor, excluye el resarcimiento de aquellos daños que si bien fueron causados por el incumplimiento, son ciertamente anormales o irregulares en su producción. Según Bianca, Cesare Massimo: *Dell'inadempimento delle obbligazioni*. N. Zanichelli - Soc. Ed. del Foro Italiano. Boloña - Roma, 1967, p. 252, se trata de daños que por su anormalidad o atipicidad no pueden considerarse consecuencias regulares del incumplimiento; o, como afirma De Cupis: ob. cit., p. 264, "no puede imputarse al sujeto aquel efecto que respecto a su misma acción, aparece anormal o atípico, por no responder al curso normal de los acontecimientos y, por tanto, a lo que suministra la experiencia". En la misma dirección, pero siguiendo otra línea argumental, Realmonte, Francesco: *Il problema del rapporto di causalità nel risarcimento del danno*. Giuffrè Editore. Milano, 1967, pp. 204-208, donde afirma que en virtud de la exclusión del resarcimiento de los daños y perjuicios que no sean consecuencia inmediata y directa de la inejecución de la obligación, hay que excluir de él las consecuencias dañosas que no constituyen la realización de un riesgo normalmente conectado con el incumplimiento. Por lo tanto, no se indemnizarán los perjuicios que, si bien han sido causados por el incumplimiento, no son realización del riesgo propio de la prestación incumplida, lo que indica que, para este autor, daño anormal es aquel que, si bien es causado por el incumplimiento, no constituye un riesgo propio de él. Sea como fuere, la expresión, "consecuencia inmediata y directa" exige regularidad causal entre el incumplimiento y el perjuicio; por lo cual, además del daño evitable, excluye el daño anormal, atípico o irregular. En la doctrina española, poco más o menos en el mismo sentido, véase: Pantaleón, Fernando: "Causalidad e imputación objetiva. Criterios de imputación". En: **Centenario de la Ley del Notariado**. Editorial Reus. Madrid, 1990, pp. 1590-1591; Izquierdo Tolsada: ob. cit, p. 196.

[189] *Cfr.*, Domínguez Águila: ob. cit., pp. 90-91.

[190] Respecto de la justificación del principio de la buena fe como principio general de derecho en nuestro ordenamiento, véase: Lupini Bianchi, Luciano: **La responsabilidad**

de evitar la extensión de los daños, adoptando para ello las medidas que la razonable diligencia exige. Por otra parte, la inobservancia de este deber introduce un factor que rompe la relación de causalidad, pues el aumento de los daños no es ya consecuencia directa, inmediata, y necesaria del incumplimiento, sino de la inacción o de la pasividad del acreedor[191].

En resumidas cuentas, en nuestro ordenamiento, el deber de mitigar el daño tiene dos fundamentos interrelacionados: la buena fe objetiva que impone el deber al acreedor y la causalidad que explica el efecto de la inobservancia de este deber.

4.4.3. El principio de la reparación integral coexiste con el deber de mitigar el daño

Entre las razones adelantadas, especialmente por la jurisprudencia francesa, para negar que exista un deber de evitar o mitigar el daño se invoca el principio de la integridad de la reparación[192]. En efecto, una vez producido el daño, se afirma, su reparación integral corresponde al autor y no debería la víctima tener obligación alguna de aliviar la carga del agente. Si además de soportar el daño, el acreedor perjudicado tuviese que hacer todo lo posible para evitar su extensión o mitigarlo, resultaría que, contrariamente al principio de la reparación integral, se haría pesar sobre la víctima del incumplimiento un deber hacia el responsable.

---

precontractual en el Derecho comparado moderno y en Venezuela. Academia de Ciencias Políticas y Sociales. Caracas, 2014, pp. 210-219.

[191] *Cfr.*, Díez-Picazo: ob. cit., Vol. II, pp. 783-784.

[192] El principio de la integridad de la reparación del daño de acuerdo con el cual la reintegración del patrimonio lesionado debe ser integral, es decir, cubrir "todo" el daño es un principio fundamental del Derecho de la responsabilidad civil. Al respecto, en la doctrina francesa, véase: Viney y Jourdain: ob. cit. (*"Les effets de la responsabilité"*), pp. 111-125; Le Tourneau, Philippe y Cadiet, Loïc: ***Droit de la Responsabilité***. Dalloz. Paris, 1996, pp. 356 y ss.; Terré, François, Simler, Philippe y Lequette, Yves: ***Droit Civil. Les obligations***. Dalloz. París, 2005, pp. 878-880. En la doctrina italiana, véase: Visintini, Giovanna y Pinori, Alessandra: *"La nozione di danno e le tecniche risarcitorie"*. En: ***Il risarcimento del danno contrattuale ed extracontrattualle a cura di Giovanna Visintini***. Giuffrè Editore. Milano, 1999, p. 5. En la doctrina nacional, véase: Mélich-Orsini: ob. cit. (**La responsabilidad civil por hecho ilícito**), pp. 200-202.

Sin embargo, el principio de la reparación integral no es absoluto y admite excepciones[193]. El resarcimiento no abarca la totalidad de los daños sufridos por el acreedor, sino que se limita a ciertos daños, que se determinan en función de los criterios establecidos en los artículos 1275 y 1276 del Código Civil (*supra*, N° 4.4.1). De ahí que el principio de la reparación integral no se opone al deber de mitigar el daño, en tanto y en cuanto puede perfectamente afirmarse que el deudor no debe reparar íntegramente más que el daño que sea imputable a su conducta, lo que excluye aquel que se origina en la inacción o en la conducta insuficiente o irrazonable del acreedor.

Ciertamente, la víctima tiene derecho a la reparación integral del daño. El agente tiene que reparar todos los daños y perjuicios, pero siempre y cuando los mismos sean consecuencia inmediata y directa, es decir, necesaria, del incumplimiento; no aquellos que no estén conectados causalmente con la conducta del agente[194]. Por consiguiente, la exigencia de que el daño sea directo determina que la carga de mitigar los daños coexiste armónicamente con el principio de la reparación integral.

4.4.4. La determinación y cuantificación del daño en el momento de la sentencia

Pero adicionalmente, en nuestro ordenamiento el momento al que debe referirse la determinación y la valoración de los daños es el del pronunciamiento de la sentencia[195]. La indemnización se fija al momento de dictar el fallo[196].

---

[193] Ídem.

[194] Como dijimos en su oportunidad, al comentar las decisiones de la Corte de Casación francesa que, con fundamento en el principio de la reparación integral, se pronuncian en contra del deber del acreedor perjudicado de mitigar el daño, Larroumet: ob. cit., p. 5, afirma que puede perfectamente sostenerse que el deudor debe reparar íntegramente el daño que sea atribuible a su actividad, pero no aquel que derive de la inacción o actividad irrazonable o insuficiente del acreedor perjudicado.

[195] En la doctrina nacional se considera que el momento de la sentencia debe ser el empleado por el juez tanto para la determinación de los elementos o capítulos constitutivos del daño, como para valorar el daño comprobado por él. Véase: Mélich-Orsini: ob. cit. (**La responsabilidad civil por hechos ilícitos**), p. 222.

[196] *Cfr.*, Kummerow: ob. cit. ("Esquema del daño contractual…"), p. 339; TSJ/SC, sent. N° 576, de fecha 20 de marzo de 2006, disponible en: http://www.tsj.gov.ve/decisiones/scon/marzo/576-200306-05-2216.htm.

El juez determina los daños y perjuicios indemnizables al momento de la sentencia pudiendo, por tanto, observar lo ocurrido entre el momento en que tuvo lugar el incumplimiento y la fecha del pronunciamiento del fallo[197]. De ahí que el juez podría considerar otros daños y perjuicios o, incluso, la participación del acreedor en el agravamiento de los mismos[198].

Por consiguiente, si entre la fecha del incumplimiento o de la producción del daño hasta el día en que recaiga el fallo –lo cual puede ocurrir meses o años después–, se hubiere producido una agravación de los daños, el juez, en su determinación, deberá tener en cuenta esta situación y considerar las posibles variaciones del daño posteriores a su producción. El juez tiene que considerar lo que le ocurra al daño inicial entre el momento de su producción y el de la sentencia que ordena su reparación[199]. Como el daño reparable es el existente al momento en que se aprecia por el juez al sentenciar, este valorará, al momento de referirse a la determinación y la cuantificación de los daños comprobados por él, el papel que tuvo la víctima del incumplimiento en su agravación[200]. Ya hemos dicho que al no haber hecho esta lo necesario para limitar la amplitud del daño o evitar sus consecuencias ulteriores, su conducta omisiva es claramente culpable, interviene causalmente en la producción del daño final (daño consecuencia), aunque no haya intervenido antes en la producción del daño inicial e interrumpe el nexo causal entre el hecho del demandado que inicialmente causa todo el daño y el daño final (*supra*, N° 4.4.2).

Como los daños y perjuicios indemnizables son solo los que resultan directa e inmediatamente de la falta de cumplimiento de la obligación, debiendo el juez determinarlos y valorarlos al momento de la sentencia, no es reparable el perjuicio que haya sido agravado *medio tempore* por la actuación u omisión culposa del acreedor perjudicado. La carga del acreedor perjudicado de

---

[197] En la doctrina italiana sobre el Código Civil de 1865, véase: Chironi: ob. cit. (*La colpa nel diritto civile moderno…*), p. 340. En la doctrina italiana sobre el *Codice* de 1942, véase: De Cupis: ob. cit., pp. 324-325.

[198] *Cfr.*, Lagrange: ob. cit., Pizarro Wilson: ob. cit., p. 74.

[199] *Cfr.*, Larroumet: ob. cit., p. 5.

[200] *Cfr.*, Viney: ob. cit. ("*Rapport de synthèse…*"), p. 3.

evitar o mitigar el daño coexiste armónicamente con el principio de la reparación integral del daño debidamente apreciado por el juez en su consistencia y determinado en su cuantía al momento de dictar la sentencia.

4.5. Alcance

4.5.1. Grado de diligencia exigible

En lo concerniente al "grado de diligencia" que debe desarrollar el acreedor perjudicado en la observancia de la carga de mitigación del daño en el Derecho venezolano, a falta de norma expresa, estimamos que se debe imponer al acreedor la adopción de aquellas medidas mitigadoras útiles y razonablemente exigibles, atendiendo al modelo del buen padre de familia. De ahí que las actuaciones exigibles al acreedor dependerán del caso concreto, tomando en consideración lo que habría hecho el *bonus pater familiae* que se encontrare en las mismas circunstancias en que se encontraba, al momento de mitigar el daño, la víctima del incumplimiento cuya conducta se trata de calificar (*supra*, N° 3.4).

Además, como dijimos en su oportunidad, se debe tener siempre presente que el alcance del esfuerzo mitigador debe medirse con flexibilidad, sin ser riguroso en la conducta exigida al acreedor, porque no debe olvidarse que es una carga que se impone a la víctima del incumplimiento, incluso a favor del contratante que incumple dolosamente el contrato.

4.5.2. Conducta del acreedor perjudicado

Por lo que respecta a la conducta a ser desarrollada por el acreedor perjudicado para que se considere que ha cumplido con su carga mitigadora, pueden serle exigibles medidas de conservación, de reparación o de sustitución o reemplazo, según las circunstancias[201].

4.5.2.1. Medidas de conservación

A veces pueden ser necesarias *medidas de conservación* de la cosa dañada para no agravar el daño o, incluso, para mitigarlo. Por ejemplo, el asegurado,

---

[201] *Cfr.*, Reifegerste: ob. cit., pp. 195 y ss.

sobrevenido el siniestro, deberá vigilar, o trasladar o depositar en un lugar adecuado los bienes muebles que se salvaron del incendio que destruyó el inmueble donde ellos se encontraban (argumento: *ex* artículo 20, numeral 4, de la Ley del Contrato de Seguro). Otro ejemplo del deber de conservación sería el tener que retirar el mobiliario situado en una casa de habitación, cuyo techo presenta problemas de filtración debido a deficiencias del constructor. Asimismo, si el comprador se demora en la recepción de las mercancías vendidas, corresponde al vendedor custodiarlas y proveer a su conservación[202].

4.5.2.2. Medidas de reparación

Otras veces el perjudicado debe adoptar *medidas de reparación* para contener el perjuicio. De ahí que si el daño se puede evitar con una reparación, se imputará al acreedor el no haberla realizado o la tardanza en la misma y este no podrá pretender ser indemnizado, sobre todo cuando con una pequeña suma habría sido posible reparar el bien e impedir la propagación de las consecuencias del daño[203].

En el Código Civil se contemplan algunas medidas de este tipo. Así, el caso del artículo 607, donde se permite al usufructuario efectuar reparaciones mayores que son de cargo del propietario, cuando este no las realice como, por ejemplo, cuando estas resulten necesarias para la subsistencia de la cosa. Asimismo, en materia de contrato de obras, aunque el artículo 1637 establece la responsabilidad del arquitecto y del empresario por defectos o vicios de construcción, nada impide que el dueño de la obra actúe, sin esperar que intervenga el obligado a ello, para de esa forma evitar la expansión del daño[204].

---

[202] A las medidas de conservación se refieren los artículos 85 al 88 de la Convención de Viena.

[203] *Cfr.*, Bianca: ob. cit. (**Diritto Civile**, Vol. v), pp. 164-165; Fuentes Guínez: ob. cit. (**La extensión del daño contractual**), pp. 248-249.

[204] Si bien, en general, la reparación de daños materiales no ofrece mayores problemas, la doctrina, al referirse especialmente a los daños corporales ocasionados por el hecho ilícito, discute si puede exigírsele a la víctima que se someta a tratamientos médicos o intervenciones quirúrgicas para mitigar el daño. Por ejemplo, cuando el hecho ilícito causa una lesión a la víctima que repercute gravemente en su capacidad de trabajo,

4.5.2.3. Medidas de sustitución

Otras veces se impondrán al acreedor perjudicado *medidas de sustitución o reemplazo* que mitiguen el daño causado por el incumplimiento del deudor como, por ejemplo, la celebración de otro contrato que cumpla el fin económico perseguido. Así, el arrendador dejaría de observar su carga de mitigar el daño en caso de terminación unilateral del contrato por parte del arrendatario antes de vencimiento del plazo, cuando pudiendo celebrar otro contrato de arrendamiento en las mismas o mejores condiciones rápidamente y sin mayores dificultades, permanezca cruzado de brazos sin hacer nada invocando el derecho que le confiere el artículo 1616. En tal caso no haber celebrado un

---

surge el problema de si al momento de cuantificar el resarcimiento, debe tomarse en consideración la totalidad de los daños y perjuicios o solo aquella parte del daño a que podría haber quedado reducido de haberse sometido la víctima a la terapia adecuada como, por ejemplo, al uso de una prótesis siguiendo las recomendaciones de sus médicos. Al respecto se afirma que, si bien la inviolabilidad del cuerpo humano es un derecho de la personalidad establecido en atención a la dignidad de la persona humana y, por ende, nadie puede ser obligado a someterse a un tratamiento clínico o quirúrgico o a exámenes médicos o de laboratorio, excepto cuando se encontrare en peligro su vida o por otras circunstancias que determine la ley (Constitución Nacional, artículo 46 Nº 3), la oposición infundada o caprichosa de la víctima a someterse a estas medidas, claro está, cuando no conlleven riesgos excesivos, trae como consecuencia que los daños ulteriores que puedan mitigarse mediante tratamiento médico se consideren daños evitables y, por ende, excluidos del *quantum respondeatur*. Al respecto, en la doctrina italiana sobre el Código Civil de 1865, véase: Benigni, Plácido: *"La così detta compensazione delle colpe"*. En: *Rivista Critica di Diritto e Giurisprudenza*. Año XIV. G.M. Priore. Napoli, 1906, p. 49. En la doctrina italiana sobre el *Codice* de 1942, véase: De Cupis: ob. cit., p. 287; Rossello: ob. cit. (*"Il danno evitabile con l'ordinaria diligenza"*), p. 54. En la doctrina chilena, véase: Domínguez Águila: ob. cit., pp. 92-93; Fuentes Guínez: ob. cit. (**La extensión del daño contractual**), pp. 248-249; San Martín Neira: ob. cit., pp. 397-398. A nuestro modo de ver, esta solución es plenamente aceptable para el Derecho venezolano. Desde luego, nadie puede ser intervenido contra su voluntad. Pero si la víctima decide rehusarse a un tratamiento u operación que no sea objetivamente peligroso ni excesivamente arriesgado, no obstante que lo prudente, atendidas las circunstancias del caso concreto, habría sido aceptar el tratamiento en cumplimiento del deber de mitigación, la consecuencia de tal negativa será que no va a tener derecho a la totalidad de la indemnización, la cual se verá reducida en función de los daños y perjuicios que se habrían podido reducir o evitar sin riesgo para la salud del lesionado.

contrato de reemplazo constituye una infracción del deber de mitigación. Del mismo modo, en un contrato de construcción, no porque el artículo 1637 del Código Civil imponga al arquitecto o al empresario la responsabilidad por los daños causados por la ruina de un edificio, el dueño de la obra podrá permanecer pasivo frente a deterioros cuando una medida suya de sustitución podría fácilmente disminuir el daño[205].

Como principio de carácter general, la celebración de un contrato de reemplazo implica la resolución del contrato[206] la cual requiere que el juez la decrete, salvo que las partes hayan pactado una cláusula resolutoria expresa[207] o que

---

[205] *Cfr.*, Hanotiau: ob. cit., p. 402; Van Ommeslaghe: ob. cit., Tome II, p. 1605; Rossello: ob. cit. ("*Il danno evitabile con l ordinaria diligenza*"), p. 56: Domínguez Águila: ob. cit., pp. 94-95.

[206] *Cfr.*, Bianca: ob. cit. (***Diritto Civile***, Vol. II), p. 163.

[207] La doctrina nacional y extranjera admiten pacíficamente la validez de la cláusula resolutoria expresa que le da el derecho al acreedor de declarar unilateralmente resuelto el contrato sin necesidad de acudir a los tribunales de justicia, cuando así lo hayan previsto las partes, siempre y cuando el incumplimiento se refiera a una o más obligaciones individualizadas en el contrato (pacto comisorio). En nuestro ordenamiento, la validez de esta cláusula se basa en el principio de la autonomía de la voluntad de las partes para convenir en las reglas aplicables a sus contratos (Código Civil artículo 1159) y en la circunstancia de no ser de orden público la necesidad de la intervención judicial prevista en el artículo 1167 *eiusdem*. Al respecto, véase: Mélich-Orsini, José: **La resolución del contrato por incumplimiento**. Academia de Ciencias Políticas y Sociales. Caracas, 2003, pp. 69-75; Kummerow, Gert: "Anotaciones sobre la estructura y el mecanismo de la cláusula resolutoria expresa". En: *Studia Iuridica*. Nº 2. Universidad Central de Venezuela. Caracas, 1958, pp. 171 y ss. No obstante, la Sala Constitucional del Tribunal Supremo de Justicia en sentencia de fecha 04 de marzo de 2005 declaró, de manera infundada, que en nuestro ordenamiento no es posible ni válido que en un contrato se establezca la posibilidad de que una de las partes decida ponerle fin a la relación contractual, sin que medie intervención judicial. Para un análisis crítico de esta sentencia, así como para un detenido examen de la validez y procedencia de la cláusula resolutoria expresa en nuestro ordenamiento, véase: Gorrín, Guillermo: "Desnaturalización de la cláusula resolutoria expresa". En: **Derecho de las obligaciones en el nuevo milenio**. Academia de Ciencias Políticas y Sociales - Asociación Venezolana de Derecho Privado. Caracas, 2007, pp. 433-485; véase, igualmente: Brewer Carías, Allan R.: **Contratos administrativos, contratos públicos, contratos del Estado**. Editorial Jurídica Venezolana. Caracas, 2013, pp. 411 y ss.

la ley contemple la resolución de pleno derecho del contrato, tal como ocurre, por ejemplo, en el artículo 1531 del Código Civil en materia de venta de bienes muebles, en cuyo caso la resolución de la venta se verifica de pleno derecho en interés del vendedor, si el comprador no se ha presentado a recibir la cosa antes de que haya expirado el término para su entrega o si habiéndose presentado no ha ofrecido el precio a menos que se le haya otorgado un plazo más largo para dicho pago.

No obstante, para obtener la *ejecución coactiva de la compraventa mercantil* y, en general, a los fines del cumplimiento forzoso de las obligaciones de hacer, la ley trae disposiciones especiales que le permiten al acreedor celebrar operaciones de sustitución con un tercero por cuenta del deudor, tal y como se explica a continuación. En tanto y en cuanto el acreedor pretenda acumular a su pretensión de ejecución coactiva de la obligación, los daños y perjuicios derivados del incumplimiento, interesa determinar la procedencia de dichas operaciones de reemplazo como medida mitigadora del daño.

4.5.2.3.1. Sustitución de la compraventa mercantil

La posibilidad de un contrato de sustitución para la *ejecución coactiva de la compraventa mercantil* aparece evocada en el artículo 142 del Código de Comercio, según el cual:

> Si el comprador no cumple su obligación, el vendedor tiene derecho a hacer vender la cosa que es objeto del contrato o depositarla en una acreditada casa de comercio y, en defecto de ésta, en persona de responsabilidad, todo por cuenta del comprador.

> La venta se hará en almoneda o al precio corriente si la cosa que es objeto del contrato tiene precio de bolsa o de mercado, por medio de un vendutero o corredor, según el caso; y a falta de éstos, por medio de la persona designada por el juez de comercio.

> El vendedor tiene derecho de exigir al comprador el pago de la diferencia entre el precio obtenido y el pactado en el contrato y el resarcimiento de

los daños. Si el vendedor no cumple su obligación, el comprador tiene derecho a comprar la cosa en la forma arriba establecida, por cuenta del vendedor y a ser resarcido de los daños.

El contratante que ejerce los derechos expresados debe dar inmediatamente aviso de ello al otro contratante.

Aun cuando la celebración de una operación de reemplazo para la ejecución forzosa de la compraventa mercantil[208] constituye de acuerdo con esta disposición, al menos en principio, una *facultad* para el comprador o el vendedor que sea víctima del incumplimiento de su contraparte contractual[209], esto no significa que el acreedor pueda sustraerse de la carga de mitigar el perjuicio causado por la parte incumplidora. Reconocer la libertad que tiene el acreedor

---

[208] En la doctrina nacional, Mélich-Orsini: ob. cit. (**La resolución del contrato por incumplimiento**), pp. 65-66, sostiene que el artículo 142 del Código de Comercio no presupone la resolución de la compraventa mercantil, sino que consagra un supuesto de ejecución coactiva del contrato y de comprobación de los daños causados al contratante inocente por su contraparte infiel.

[209] La doctrina y la jurisprudencia italianas, al referirse al artículo 68 del Código de Comercio italiano de 1882 (Código Zanardelli), sustancialmente idéntico al artículo 142 del Código de Comercio venezolano, ha entendido que aun cuando el procedimiento contemplado en dichas disposiciones para el reemplazo (definitivo) de la prestación incumplida constituye una *facultad y no una obligación* para el acreedor del contrato de compraventa perjudicado por el incumplimiento del otro contratante, sin embargo ello no quiere decir que dicho acreedor pueda sustraerse a su deber de mitigación. En tal sentido, la Corte de Casación de Torino en sentencia de fecha 1º de julio de 1921 en un caso en que el comprador había dejado pasar varios meses antes de proceder a la celebración de un contrato de reemplazo, haciendo aplicación del artículo 68 del Código de Comercio de 1882, (que en su inciso 3º decía: "si el incumplimiento tiene lugar por parte del vendedor, el comprador tiene derecho de hacer comprar la cosa por medio de un oficial público autorizado a celebrar esta especie de actos, por cuenta y a expensas del vendedor y a ser resarcido de los daños") sostuvo: "si bien es cierto que se trata de una facultad y no de una obligación del comprador, este no puede, sin embargo prevalerse de su inercia para procurarse un mayor lucro" ("Sentencia de la Corte de Casación de Torino de fecha 1º de julio de 1921". En: *Rivista del Diritto Commerciale e del Diritto Generale delle Obbligazioni*. Vol. XX. Parte Secunda. Casa Editrice Francesco Vallardi. A. Sraffa y C. Vivante, directores. Milano, 1922, pp. 109-123 con nota de Filippo Pestalozza intitulada: *"Danni da mancata consegna della merce venduta"*).

perjudicado de acudir o no a estos procedimientos, se afirma, se explica porque en caso contrario, esto es, de haberse establecido con carácter obligatorio la operación de reemplazo, el acreedor habría estado siempre obligado a comprar o vender sin poder optar, de acuerdo con las circunstancias, por otras medidas para mitigar el daño. Por consiguiente, no obstante la libertad que el artículo 142 del Código de Comercio le reconoce al acreedor para celebrar una compra o una venta de reemplazo, si no la efectúa, deberá sufrir las consecuencias de no haber observado su carga de mitigar el daño experimentado por el incumplimiento de su co-contratante[210].

Dicho en otras palabras, si bien la celebración de una compraventa de reemplazo constituye una facultad para la parte no incumplidora, en caso de que el ejercicio de esta facultad constituya, de acuerdo con las circunstancias, la medida razonable requerida por la ordinaria diligencia para limitar la extensión del daño, ella deviene en una carga para el acreedor perjudicado en el sentido de que este tendrá que soportar los ulteriores perjuicios que deriven de no haber celebrado oportunamente dicha operación de reemplazo. Por consiguiente, el acreedor perjudicado que haya descuidado la adopción de esta medida soportará las consecuencias de su conducta omisiva, y los daños y perjuicios resarcibles por este concepto se limitarán a la diferencia entre el precio del contrato y el precio que habría podido obtener en la operación de reemplazo. Por ejemplo, si el comprador no realiza la compra de reemplazo en tiempo oportuno y el precio de la mercancía aumenta, solo tendrá derecho

---

[210] Para la doctrina del Código de Comercio italiano de 1882, puede consultarse con provecho a Chironi quien afirma: "… el ordenamiento general en materia contractual requiere que el acreedor de la indemnización se comporte de modo tal de no agravar el perjuicio sufrido más allá de los límites dentro de los cuales el mismo debe contenerse (…) tanto, si el acreedor puede valerse del medio que el artículo 71 del Código de Comercio pone a su disposición para observar el comportamiento a que viene obligado, podrá valerse también de cualesquiera otros medios que puedan conducir al mismo resultado" (Chironi, Gian Pietro: *"Colpa e risarcimento"*. En: *Rivista del Diritto Commerciale e del Diritto Generale delle Obbligazioni*. Vol. XIV. Parte Secunda. Casa Editrice Francesco Vallardi. A. Sraffa y C. Vivante, directores. Milano, 1915, pp. 321). Para la doctrina del *Codice* de 1942, véase: Criscuoli: ob. cit., pp. 580 y ss.

a la diferencia entre el precio acordado en el contrato y el que alcanzó el día en que habría podido y debido realizar dicha compra de reemplazo y no se tomará en cuenta el precio en definitiva pagado, salvo por supuesto que pruebe que, atendidas las circunstancias del caso, su carga de mitigación se cumplía mejor de otra manera, o que tenía razones para así suponerlo en el momento de tomar la decisión[211].

Cabe hacer notar que cuando el bien vendido tenga precio corriente, fijado en la bolsa o por el mercado, de acuerdo con el artículo 142 del Código de Comercio, la compraventa de reemplazo deberá hacerse por ese precio. Se trata, por tanto, de una regla de mercado que el legislador recoge con la evidente finalidad de imponerla como criterio de estimación de la indemnización que siempre tendrá derecho a obtener el acreedor por la pérdida resultante de la ejecución coactiva de la compraventa mercantil mediante la realización de una operación de reemplazo efectuada por cuenta del deudor incumpliente *ex* artículo 142 del Código de Comercio[212]. Por consiguiente, cuando se trata de una compraventa mercantil de bienes de precio corriente, la *indemnización mínima* a que tiene derecho la parte cumplidora del contrato, de acuerdo con la ley, es la diferencia entre el precio pactado y el precio de adquisición de mercado que tengan esos bienes[213].

---

[211] *Cfr.*, Criscuoli: ob. cit., pp. 580 y ss.; Fuentes Guínez: ob. cit. (**La extensión del daño contractual**), pp. 251-252.

[212] El acreedor (comprador o vendedor, según el caso) tiene derecho, además, de acuerdo con el artículo 142 del Código de Comercio, a obtener el resarcimiento del daño adicional que demuestre haber experimentado como, por ejemplo, los gastos incurridos para obtener y organizar la operación de reemplazo, la compensación por el período más prolongado durante el cual no puede disponer de la cosa vendida o el precio, etc.

[213] En otros ordenamientos también existen, sobre todo en materia de compraventa de mercaderías, disposiciones que consagran, en determinados casos, la regla de mercado como criterio para valorar la pérdida que la falta de cumplimiento del contrato le ocasiona al acreedor. Por ejemplo, la Sección 51 (2) de la *Sales of Goods Act* del Reino Unido, la Sección 2.713 (1) del *Uniform Commercial Code* de los Estados Unidos de América, el § 376 (II) del Código de Comercio alemán (H.H.B.), el artículo 191 del Código suizo de las Obligaciones, el artículo 1518 del Código italiano de 1942 y el artículo 36 del Código Civil holandés. En el Derecho venezolano, tal como se indica en el texto, el artículo 142 del Código de Comercio puede perfectamente servir de

Si como principio general en este caso se considera que la indemnización a que siempre tiene derecho la parte cumplidora del contrato es precisamente dicha diferencia de precios, se afirma, es porque el acreedor no debió permanecer inactivo, sino que debió actuar acudiendo al mercado para procurarse un bien de reemplazo. Dicho en otros términos, la regla presume el daño que sufre un acreedor que ha cumplido con su deber de mitigación.

4.5.2.3.2. Operación de reemplazo para la ejecución forzosa (indirecta) de la obligación de hacer

De acuerdo con el primer párrafo del artículo 1266 del Código Civil, "en caso de no ejecución de la obligación de hacer, el acreedor puede ser autorizado para hacerla ejecutar él mismo a costa del deudor". Esta disposición le permite al acreedor obtener la ejecución forzosa a costa del deudor de la obligación de hacer (que no implique la realización de una conducta personalísima por parte de este último), lo que incluye la posibilidad para el acreedor de obtener en el mercado mediante una operación de reemplazo que celebre por cuenta del deudor la ejecución coactiva de la obligación de entregar una cosa genérica incumplida por este último. Esto, por supuesto, sin perjuicio del derecho del acreedor de obtener el cumplimiento forzoso (directo) –en especie o por equivalente– de la obligación de entrega por parte del propio deudor, conforme a lo dispuesto en el artículo 528 del Código de Procedimiento Civil.

La operación de reemplazo debe autorizarla, al menos en principio, el deudor o la persona que este indique, a cuyo efecto conviene prever en el contrato que ante el simple retardo en el cumplimiento de la obligación de entrega de una cosa genérica, el acreedor podrá celebrar una operación de reemplazo, sobre todo en aquellos casos en los cuales el deudor no esté en condiciones de efectuar la entrega y ese retardo pueda acarrear perjuicios considerables al acreedor. Si el deudor no autoriza al acreedor a celebrar una operación de reemplazo con un tercero a costa de aquel, este tendrá que solicitar y obtener

---

fundamento legal para que la jurisprudencia aplique en caso de ejecución coactiva de la compraventa mercantil la regla de mercado como criterio de fijación de la indemnización mínima a que tiene derecho el comprador cuando no se le ha entregado el bien, o el vendedor cuando no se le ha pagado el precio.

autorización de la autoridad judicial competente para celebrar dicha operación de reemplazo, conforme a lo dispuesto en el primer párrafo del artículo 1266 del Código Civil en concordancia con el artículo 529 del Código de Procedimiento Civil[214].

En la doctrina francesa, Reifegerste, al referirse a la facultad del acreedor de realizar una operación de reemplazo en el mercado de acuerdo con el artículo 1144 del *Code*, sustancialmente idéntico al primer párrafo del artículo 1266 del Código Civil venezolano, expresa que para proceder a celebrar dicha operación a costa del deudor que no haya cumplido voluntariamente con su obligación de hacer, el acreedor debe obtener, con carácter previo, una autorización judicial. No obstante en caso de urgencia, o cuando se trate de contratos mercantiles o de la entrega de bienes perecederos o de cosas *in genere*, el acreedor puede anticiparse a la decisión judicial y proceder a celebrar la operación de reemplazo a costa del deudor a fin de evitar que el transcurso del tiempo le ocasione mayores perjuicios derivados de la inejecución del contrato. Este criterio ha sido seguido por la jurisprudencia de los tribunales franceses que no han vacilado en declarar que en tales casos el acreedor puede proceder a realizar dicha operación de reemplazo en el mercado a costa del deudor incumpliente[215].

---

[214] Como no existe ninguna disposición en nuestro ordenamiento procesal que permita al juez, mediante un procedimiento no contencioso, autorizar al acreedor a efectuar dicha operación de reemplazo con un tercero a costa del deudor, al primero no le quedará más remedio, si desea insistir en la operación de reemplazo, que solicitar en un procedimiento contencioso el cumplimiento forzoso de la obligación por parte del deudor a través de este medio indirecto de ejecución. En la práctica, una vez intentada la demanda por cumplimiento de la obligación, el acreedor puede obtener la autorización del juez para que se ejecute la obligación de hacer o la entrega de la cosa por parte de un tercero a costa del deudor (Código Civil, artículo 1266) mediante una medida cautelar innominada conforme a lo dispuesto en el parágrafo primero del artículo 588 del Código de Procedimiento Civil. *Cfr.*, Maduro Luyando y Pittier Sucre: ob. cit., t. I, p. 114. A nuestro modo de ver, la solución legal no es satisfactoria. De *lege ferenda*, convendría contemplar que el deudor, al menos en ciertos casos, no pueda paralizar el ejercicio de la acción del acreedor que desee obtener la entrega de la cosa a costa del deudor, por medio de una operación de reemplazo con un tercero cuando el primero, por uno u otro motivo, no esté en condiciones de efectuar dicha entrega.

[215] Al respecto, véase: Reifegerste: ob. cit., pp. 205-206, especialmente las notas 701-703 y la jurisprudencia de los tribunales franceses allí citada; Malaurie, Philippe; Aynès,

Más aun, de acuerdo con un sector de la doctrina y la jurisprudencia francesas, la *facultad* de proceder a una operación de reemplazo conforme a la precitada disposición legal se convierte, en la práctica, muchas veces en un verdadero *deber* que se le impone al acreedor de celebrar perentoriamente un contrato de sustitución, o al menos de adoptar otras medidas adecuadas para mitigar el daño causado por la inejecución del contrato y evitar su extensión, sobre todo cuando se trata de entrega de cosas sujetas a bruscas y repentinas oscilaciones de precio[216]. En Bélgica, la doctrina y la jurisprudencia se orientan en la misma dirección[217].

En nuestra *legislación civil* no está prevista la posibilidad de que el acreedor, ante la falta de autorización del deudor, pueda celebrar una operación de reemplazo por cuenta de este antes del proceso judicial y exigir después al deudor su importe[218]. Es decir, ante la negativa del deudor a consentir en la ejecución de la prestación de hacer por parte de un tercero a costa de aquel, el acreedor solamente puede ser autorizado judicialmente para celebrar la operación de reemplazo y exigirle después al deudor el reembolso de los costos asociados a dicha operación. Desde luego, ante la negativa del deudor, los mayores daños que el acreedor experimente por no poder celebrar oportunamente dicha operación de reemplazo correrán por cuenta de aquel.

4.6. Reembolso de los costos de mitigación

Desde luego, el deudor que incumple el contrato debe reembolsar al acreedor perjudicado los gastos de las medidas de conservación, reparación o sustitución

---

Laurent y Gautier, Pierre-Yves: *"Les contrats spéciaux"*. En: **Cours de Droit Civil**. Éditions Cujas. París, 2005, pp. 209-210; Collart Dutilleul, François y Delebecque, Philippe: **Contrats civils et commerciaux**. Éditions Dalloz. París, 1991, p. 74, especialmente la nota 6 y la jurisprudencia francesa allí citada.

[216] Le Gall, Alter, Michaud y Fages citados en Reifegerste: ob. cit., pp. 205-206.

[217] Véase: Reifegerste: ob. cit., p. 207, especialmente, la nota 709 y la jurisprudencia belga allí citada.

[218] Respecto de la celebración de una operación de reemplazo para la ejecución coactiva de la compraventa *mercantil*, véase lo que expongo en la sección 4.5.2.3.1 *ut supra* al referirme a la solución prevista en el artículo 142 del Código de Comercio. Soluciones similares trae también el Código de Comercio contra el accionista moroso (artículo 295) y a favor del comisionista (artículo 397), del depositario (artículo 534) y del acreedor prendario (artículo 539).

requeridas para mitigar el daño y adoptadas por la víctima del incumplimiento. Por ejemplo, en materia de seguros recordemos que el artículo 40 de la Ley de Contrato de Seguro impone al asegurador el reembolso de los gastos en que incurra el asegurado para aminorar las consecuencias del siniestro (*supra*, N° 4.3).

Este mismo principio debe extenderse a otros contratos. En efecto, dichos gastos, claro está, si son razonables, son siempre una consecuencia del incumplimiento y, por tanto, causados por el deudor y como tales, deben ser incluidos en el *quantum respondeatur*. No hay duda que los gastos realizados en ejecución del deber de mitigar el daño están motivados por el incumplimiento del deudor cuya conducta reprochable los hizo necesarios[219]. Por ser una consecuencia del incumplimiento, no es necesaria una disposición expresa que imponga su reembolso, pues este está comprendido dentro de la expresión "consecuencia inmediata y directa" del incumplimiento y en cuanto tal, dichos gastos deben ser soportados por quien causó inicialmente el perjuicio, conforme a lo dispuesto en el artículo 1275 del Código Civil.

Los gastos de conservación y las reparaciones necesarias, esto es, aquellas que se hacen para conservar la cosa y evitar su perecimiento, se reembolsan íntegramente, por razones de equidad y para evitar un enriquecimiento de una de las partes del contrato a expensas de la otra[220]. Desde luego, si se trata de gastos inútiles y no razonables deben ser excluidos del *quantum respondeatur,* puesto que en tal caso el acreedor no habría cumplido cabalmente con su carga de evitar o mitigar el daño. La falta de razonabilidad de los gastos rompe el nexo de causalidad entre dichos gastos y el incumplimiento, lo que hace que no puedan ya imputarse al deudor y tengan que ser soportados por el acreedor[221].

Para excluir el resarcimiento de los gastos realizados por el demandante para evitar o mitigar el daño, no puede invocarse su imprevisibilidad; por el con-

---

[219] *Cfr.*, Hanotiau: ob. cit., p. 403; Kruithof: ob. cit., p. 47; Reifegerste: ob. cit., pp. 279 y ss.

[220] *Cfr.*, San Martín Neira: ob. cit., p. 404.

[221] *Cfr.*, Kruithof: ob. cit., p. 49; Ortscheidt: ob. cit., p. 170; Domínguez Águila: ob. cit., p. 98.

trario, deben ser incluidos precisamente por ser previsibles: el hecho de que ante un incumplimiento el acreedor deba realizar gastos para limitar la extensión del daño es completamente previsible, tanto al momento del incumplimiento como al momento del contrato[222].

Tampoco para excluirlos del resarcimiento puede alegarse que las medidas adoptadas para evitar o mitigar el daño no fueron exitosas[223]. La estructura de la carga de mitigación en nuestro ordenamiento coincide con las "obligaciones de medio"; por lo cual, el acreedor perjudicado no asegura el resultado de la mitigación del daño, sino que se compromete a desarrollar la diligencia debida y a emplear los medios razonablemente adecuados para contener el daño o aminorarlo. De ahí que tendrá derecho al reembolso de los gastos razonables en que haya incurrido para ello, independientemente de que las medidas de mitigación hubiesen sido o no fructíferas para lograr este resultado.

4.7. *Recapitulación*

El deber de evitar o mitigar el daño en nuestro ordenamiento comprende tanto las medidas de conservación, reparación o sustitución destinadas a evitar la extensión del daño como aquellas encaminadas a aminorar el daño ya producido, conforme a lo antes expuesto. Las exigencias de la buena fe conforme a la cual debe ejecutarse el contrato y que fundamentan el deber de mitigación imponen realizar actividades no solo para impedir el desarrollo de ulteriores perjuicios, sino también para aminorar las consecuencias del daño sufrido mediante la adopción de medidas mitigadoras razonables, actuando con la diligencia ordinaria del *bonus pater familiae*. La violación de este deber, sea por acción u omisión del acreedor perjudicado, constituye una conducta culposa que configura un *novus actus interviniens* que rompe la relación causal entre el incumplimiento que inicialmente causa todo el daño y el daño final. En razón de la carga de evitar o mitigar el daño que corresponde al acreedor, se excluyen del resarcimiento *ex* artículo 1275 del Código Civil los daños que

---

[222] *Cfr.*, San Martín Neira: ob. cit., p. 406.

[223] *Cfr.*, Ortscheidt: ob. cit., pp. 170-171; Soler Presas: ob. cit. ("Comentario al artículo 77"), p. 627. Como dijimos en su oportunidad, es la solución que recogen los Principios de Unidroit y los PDEC (*supra*, Nº 2.2.7).

este podía haber evitado. El acreedor tiene derecho al reembolso de los gastos razonables incurridos para evitar o mitigar el daño. La carga de la prueba de la inobservancia del deber de mitigación por parte del acreedor perjudicado corresponde al deudor del resarcimiento (*supra*, Nº 3.6).

Caracas, mayo de 2015

* * *

Resumen: El autor examina una figura del Derecho de obligaciones poco estudiada en la doctrina nacional, correspondiente a la existencia del deber de evitar o mitigar el daño, concretamente centra su investigación en la responsabilidad contractual. Para demostrar su existencia inquiere en el Derecho comparado e instrumentos internacionales de unificación del derecho de los contratos su fundamento, a través de ellos demuestra un conocimiento profundo de la doctrina y jurisprudencia foránea, lo cual enriquece su colaboración y corrobora que dichas fuentes son antecedentes del Derecho patrio. Sigue ahora adentrándose en el estudio del deber de evitar o mitigar el daño en el Derecho venezolano, subrayando su naturaleza de carga y resaltando que si bien no tiene una regulación específica en el Código Civil, se fundamenta en la buena fe que preside la ejecución de los contratos y en la exigencia del daño directo, lo que impone a la víctima del incumplimiento la adopción de medidas razonables para impedir el desarrollo de ulteriores perjuicios, así como para aminorar las consecuencias del daño sufrido. **Palabras clave**: deber de evitar el daño, deber mitigar el daño, buena fe, daño directo. Recibido: 08-09-2015. Aprobado: 14-09-2015.

Índice general

Introducción 4

1. El reconocimiento del deber de evitar o mitigar el daño
en el Derecho comparado 9

   1.1. *Derecho inglés* 9
   1.2. *Derecho norteamericano* 17
   1.3. *Código Civil alemán* 21
   1.4. *Código Civil italiano de 1942* 23
   1.5. *Código Civil de Quebec* 27
   1.6. *Códigos Civiles de Bolivia y Perú y Código Civil*
       y Comercial argentino 27
   1.7. *Código Civil francés* 29
   1.8. *Código Civil belga* 36
   1.9. *Código Civil español* 38

2. El daño evitable en los principales instrumentos
de unificación del derecho de los contratos 40

   2.1. *La Convención de Viena sobre los Contratos*
       de Compraventa Internacional de Mercaderías 40
      2.1.1. Consagración del deber de mitigar el daño 41
      2.1.2. Razonabilidad de las medidas de mitigación 42
      2.1.3. Compraventa de reemplazo 43
      2.1.4. Otras medidas 45
      2.1.5. Aceptación de nuevas condiciones de contratación
           para mitigar daños 46
      2.1.6. *Compensatio lucro cum danno* 47
      2.1.7. Carga de la prueba 49

2.1.8. Consecuencias de la aplicación del principio
de mitigación 49

2.1.9. Reembolso de los gastos de mitigación 50

2.2. *Los Principios de Unidroit y los Principios
del Derecho Europeo de los Contratos* 51

2.2.1. Disposiciones aplicables 51

2.2.2. Fundamento del principio de mitigación 52

2.2.3. Carga mitigadora del daño 53

2.2.4. Medidas razonables 54

2.2.5. Apreciación del esfuerzo mitigador 57

2.2.6. Efectos de la carga mitigadora 59

2.2.7. Reembolso de los gastos de mitigación 61

2.2.8. Carga de la prueba 63

2.2.9. Concurrencia de culpas y deber de mitigar 63

3. Contenido y régimen del deber de evitar o mitigar el daño 65

3.1. *Concepto* 65

3.2. *Naturaleza* 66

3.3. *Contenido* 69

3.4. *Criterios de apreciación de la conducta del perjudicado* 73

3.5. *Efectos* 76

3.6. *Carga de la prueba* 78

4. El deber de evitar o mitigar el daño en el Derecho venezolano 78

4.1. *Doctrina y jurisprudencia* 79

4.2. *Culpa de la víctima y deber de mitigar el daño* 86

4.3. *Incidencia en el contrato de seguro* 88

4.4. *Fundamento* 92

4.4.1. Los dos planos de la causalidad:
el *an debeatur* y el *quantum respondeatur* 94

4.4.2. La buena fe objetiva y la interrupción del nexo causal ... 97

4.4.3. El principio de la reparación integral coexiste
con el deber de mitigar el daño 104

4.4.4. La determinación y cuantificación del daño
en el momento de la sentencia.. 105

4.5. *Alcance* 107

4.5.1. Grado de diligencia exigible...................................... 107

4.5.2. Conducta del acreedor perjudicado............................ 107

4.5.2.1. Medidas de conservación 107

4.5.2.2. Medidas de reparación 108

4.5.2.3. Medidas de sustitución................................ 109

4.5.2.3.1. Sustitución de la compraventa mercantil............ 111

4.5.2.3.2. Operación de reemplazo para la ejecución
forzosa (indirecta) de la obligación
de hacer... 115

4.6. *Reembolso de los costos de mitigación* 117

4.7. *Recapitulación*... 119